给4岁孩子的故事

〔德〕格林兄弟等 / 原著
禹田文化 / 编

海豚出版社
DOLPHIN BOOKS
中国国际传播集团

前 言

　　色彩斑斓的童话故事，为孩子们构筑了一个美丽的童真世界，让他们小小的童心在这个美丽的世界里自由地翱翔。这些用美好的愿望和奇丽的幻想编织而成的童话故事，永远是孩子们宝贵的精神食粮。

　　在无忧无虑的童年时光里，孩子们在童话故事中结识了美丽纯真的白雪公主、命运坎坷的灰姑娘、可爱的小红帽、可怜的丑小鸭、娇小善良的拇指姑娘、幽默机智的穿长靴的猫……这些活灵活现的小主人公成了陪伴孩子们成长的好伙伴，带着孩子们感受善良的可贵、友情的力量、勇气的光芒。

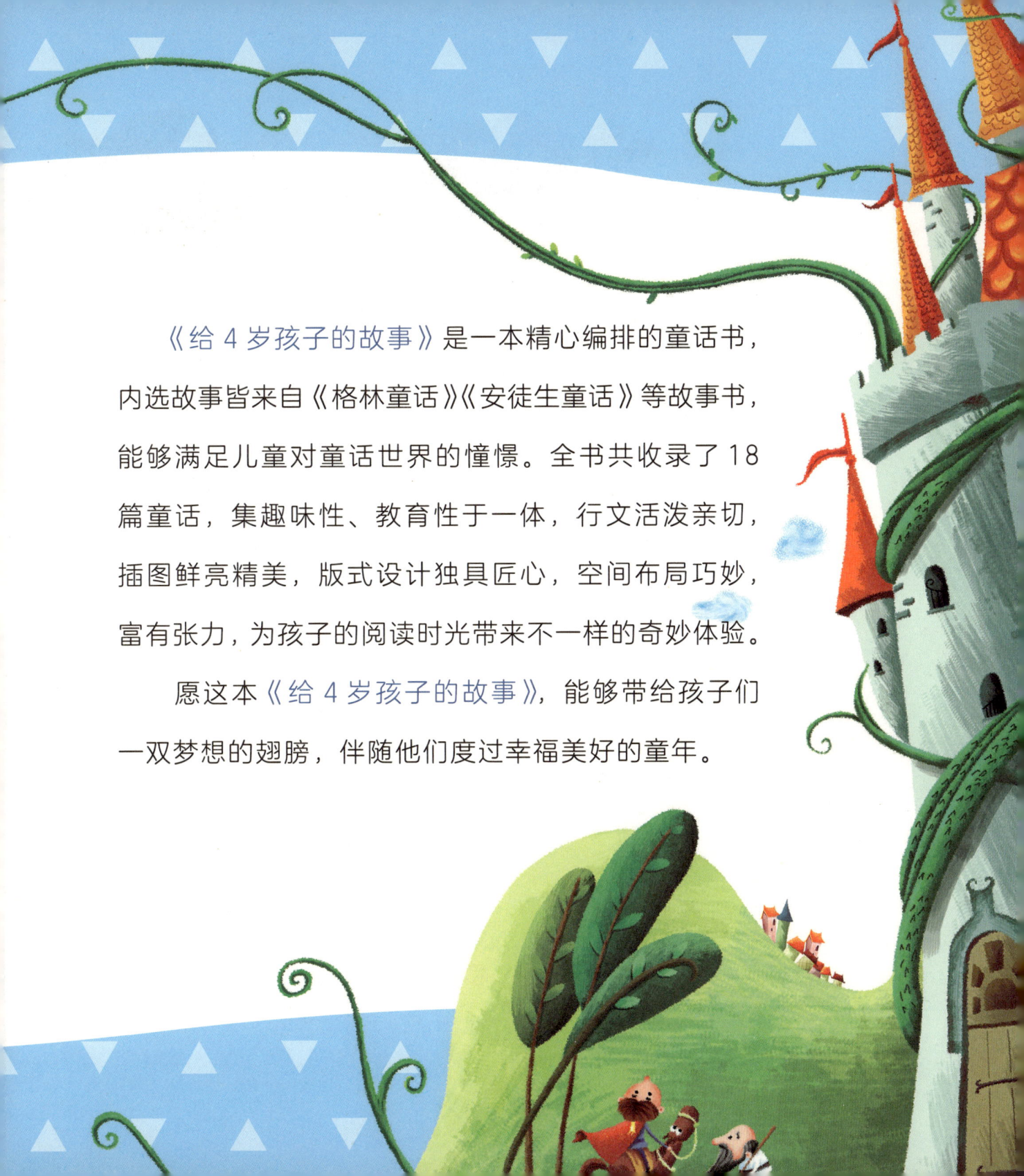

《给4岁孩子的故事》是一本精心编排的童话书，内选故事皆来自《格林童话》《安徒生童话》等故事书，能够满足儿童对童话世界的憧憬。全书共收录了18篇童话，集趣味性、教育性于一体，行文活泼亲切，插图鲜亮精美，版式设计独具匠心，空间布局巧妙，富有张力，为孩子的阅读时光带来不一样的奇妙体验。

　　愿这本《给4岁孩子的故事》，能够带给孩子们一双梦想的翅膀，伴随他们度过幸福美好的童年。

目录

001	白雪公主	**095**	拇指姑娘
015	灰姑娘	**107**	野天鹅
027	睡美人	**121**	海的女儿
037	小红帽	**133**	卖火柴的小女孩
045	狼和七只小羊	**145**	穿长靴的猫
053	不莱梅音乐家	**157**	小拇指
063	糖果屋历险记	**163**	三只小猪
071	丑小鸭	**169**	快乐王子
083	皇帝的新装	**183**	小木偶奇遇记

给4岁孩子的故事

白雪公主

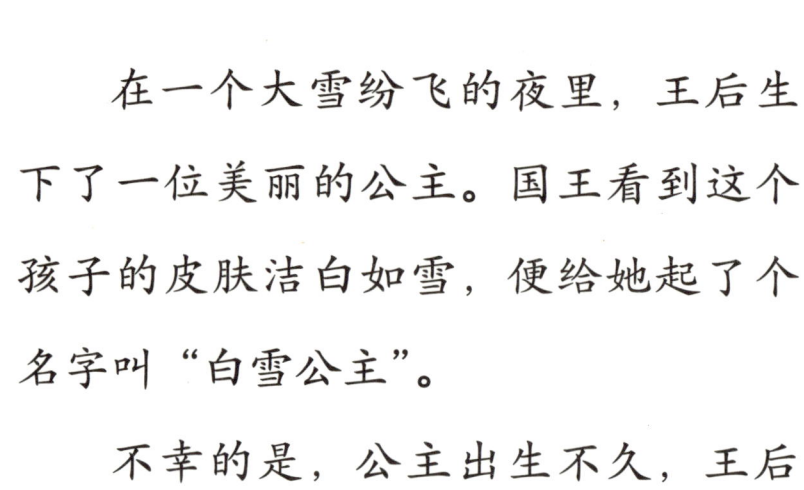

在一个大雪纷飞的夜里，王后生下了一位美丽的公主。国王看到这个孩子的皮肤洁白如雪，便给她起了个名字叫"白雪公主"。

不幸的是，公主出生不久，王后就生病去世了。没过多久，国王又娶了一位新王后，新王后虽然长得很漂亮，但却非常傲慢、恶毒。

王后有一面魔镜，每次王后问："魔镜，魔镜，告诉我，世界上谁最漂亮？"魔镜总是回答说："王后最漂亮。"

随着白雪公主一天天长大，有一天，当王后再次问魔镜时，魔镜却回答："白雪公主最漂亮。"王后很愤怒，她不能容忍别人比自己漂亮。

于是，她背着国王，命令一个武士把白雪公主带到森林里杀掉，并把她的心和肝拿回来。

武士不敢违背王后的命令，只好带白雪公主来到森林。白雪公主以为是出来游玩，十分高兴。武士实在不忍心下手，就对她说："孩子，王后要杀你，快逃走吧！永远别回来。"

武士放走了白雪公主，他杀死了一头野猪，把野猪的心和肝带回去交差。狠心的王后看到后发出得意的笑声，终于再也没有人比她美丽了。

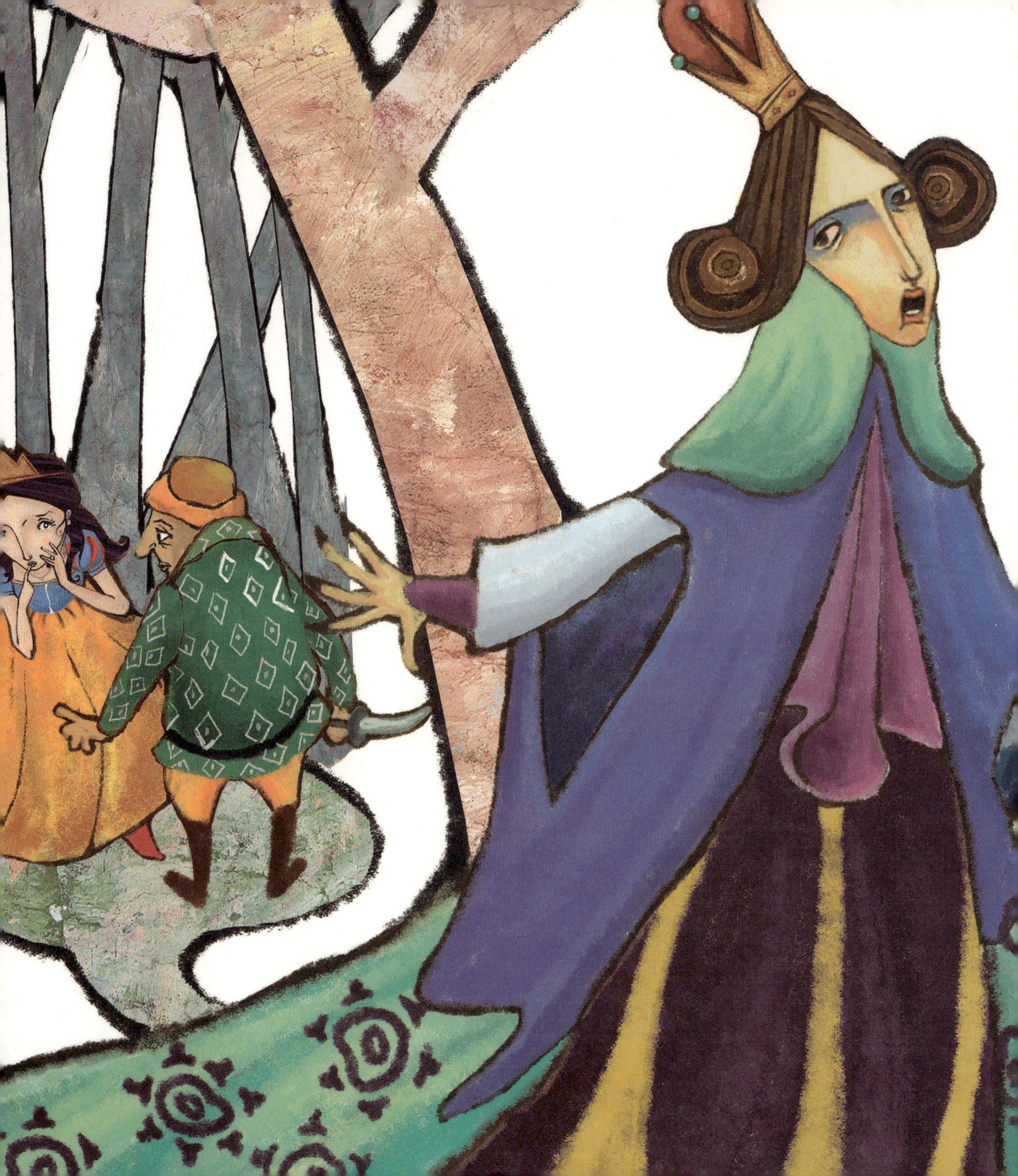

天渐渐黑了，白雪公主又饿又累。她走进一幢没有人的房子，房子里有七张小桌子和七把小椅子，七份香喷喷的饭菜，还有七张小床。

白雪公主吃了些东西，便躺在小床上睡着了。

当她醒来时，看到屋子里多了七个小矮人，他们都睁着大眼睛盯着她，白雪公主连忙把自己的事讲给他们听。

七个小矮人很同情白雪公主，让她留了下来。从那以后，小矮人们出去工作，白雪公主就在家打扫房间、做饭，他们愉快地生活着。

有一天，王后又问魔镜："魔镜，魔镜，告诉我，世界上谁最漂亮？"

魔镜说："当然是白雪公主。"王后发现白雪公主还活着，生气极了。

她装扮成卖货的老太太，来到白雪公主的小木屋前叫卖。她拿出一条丝带对白雪公主说："小姑娘，看看这条丝带吧，多漂亮啊，我来帮你戴到脖子上试试好吗？"白雪公主答应了。可是，丝带系得太紧了，白雪公主几乎喘不过气来，不一会儿便晕倒了。王后以为白雪公主死了，高兴地离开了。

七个小矮人回来后，发现白雪公主倒在地上，以为她死了，都大哭起来。这时一个小矮人发现了那条丝带，便把丝带解了下来。白雪公主醒了，小矮人们高兴地围着她又蹦又跳。

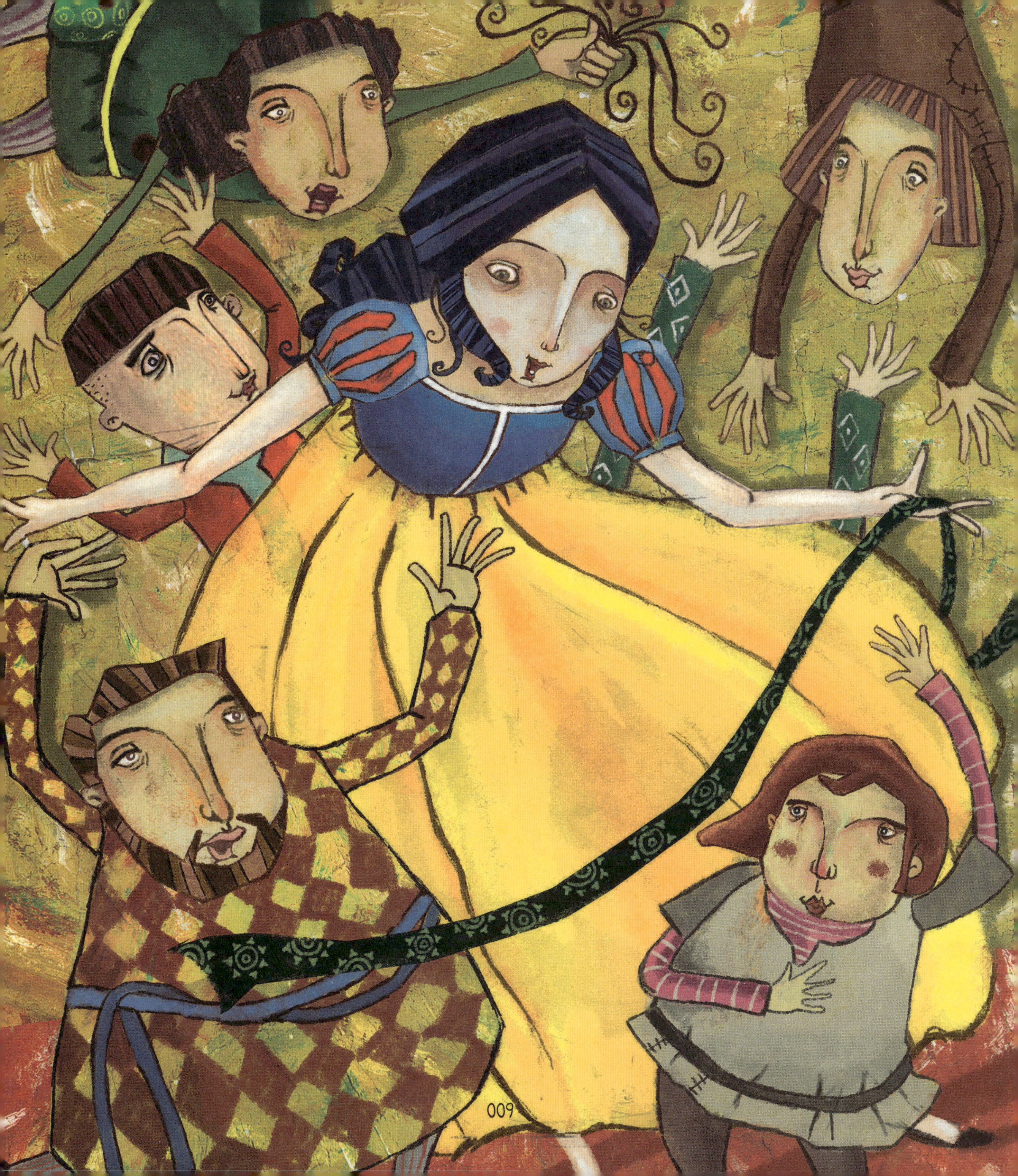

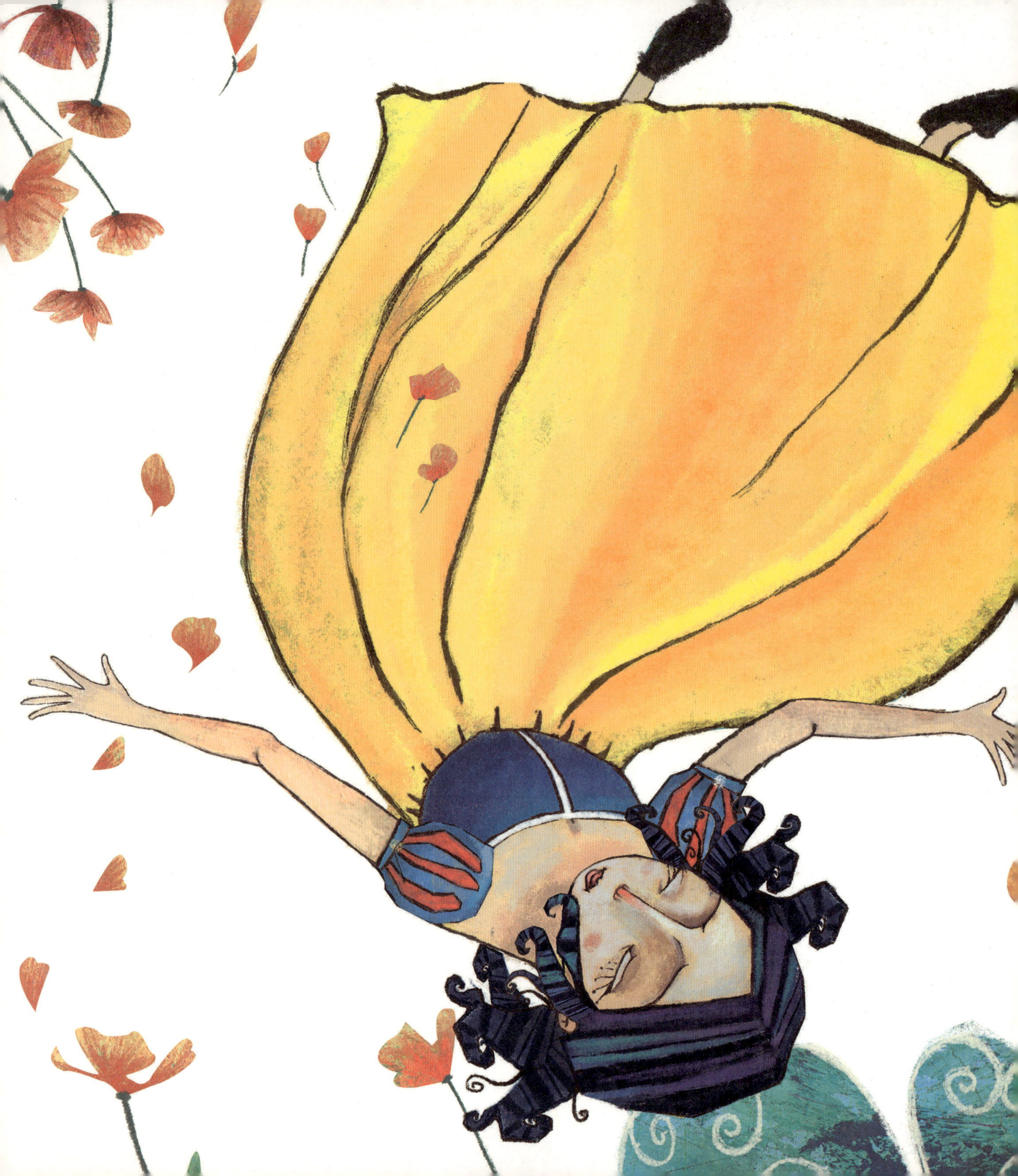

王后回宫后问魔镜:"魔镜,魔镜,告诉我,世界上谁最漂亮?"

魔镜说:"当然是白雪公主。"王后知道白雪公主又活了,简直气疯了。她决定再去一趟森林。

这次,她又装扮成卖货的老太太,给白雪公主带来了一把毒梳子,她说:"每个小姑娘都该有把漂亮的梳子,我帮你梳头发试试吧。"善良的白雪公主答应了。当梳子插进白雪公主的头发时,她马上昏死了过去。看到白雪公主死了,王后高兴地回宫了。

七个小矮人回来后,发现了倒在地上的白雪公主,还在她的头发里找到了一把梳子。他们把梳子拔出来后,白雪公主就醒了。大家跳起了欢快的舞蹈。

王后在皇宫中问魔镜："魔镜，魔镜，告诉我，世界上谁最漂亮？"

魔镜说："当然是白雪公主了。"王后简直不敢相信白雪公主还活着！她又有了一个恶毒的主意，她在一个苹果上涂上毒药，装扮成卖苹果的老太婆，来到白雪公主的小屋前。"又香又脆的红苹果，小姑娘，尝一个吧。"白雪公主忍不住咬了一口，再一次倒下了。

傍晚，七个小矮人回到家，这一次，他们再也没能叫醒白雪公主。小矮人们把白雪公主放进一只水晶棺材里，日夜守护着，森林里的动物朋友也来了，它们也想陪着善良美丽的白雪公主。

有一天，来了一位王子，他看见水晶棺里的白雪公主，想把她抬走安葬，小矮人们同意了。仆人们抬着棺材在森林里走

着，突然，他们被一个树桩绊了一下，没想到把卡在白雪公主嗓子里的毒苹果震了出来，白雪公主醒了！王子非常兴奋，他对白雪公主说："我愿意陪伴你一生一世，嫁给我吧。"白雪公主被王子的善良打动，便答应了。

有一天，王后再一次问魔镜："谁最漂亮？"魔镜回答道："邻国王子的新娘最漂亮。"王后气急败坏地赶到邻国，发现原来新娘就是白雪公主！王后气得吐血而死。白雪公主和英俊的王子过上了幸福的生活。

给4岁孩子的故事

灰姑娘

从前，有位富人的妻子得了重病去世了，留下一个非常可爱的女儿，她不仅聪明、漂亮，而且心地善良。后来，富人又娶了新妻子，继母还带来两个女儿，她们外表美丽，内心却非常狠毒。继母和两个姐姐把小姑娘赶到了厨房里住，又让她换上灰色的旧外套，干又苦又累的活儿。

小姑娘吃不饱穿不暖，连睡觉的床也没有，不得不睡在炉灶旁边，身上沾满了炉灰，大家都叫她——灰姑娘。虽然生活过得很艰苦，但灰姑娘还是会偷偷省下些食物分给一个穷苦的老婆婆。

017

国王为了给王子挑选未婚妻，准备举办一个为期三天的盛大舞会，邀请全国的年轻姑娘都来参加。

灰姑娘的姐姐们也要去参加舞会,她们让灰姑娘替她们精心地梳头打扮。灰姑娘非常羡慕两个姐姐,她苦苦哀求继母让自己也参加舞会,但继母却恶狠狠地说:"你去了只会给我们丢脸。"说完,她便头也不回地走了。

家里只剩下灰姑娘一个人,虽然她尽量忍耐,可是一想到王宫里的热闹舞会,还是忍不住伤心地哭了起来。

突然,灰姑娘听见有人在叫她,转头一看,是经常接受灰姑娘食物的那位老婆婆。

老婆婆问:"灰姑娘,你想去参加舞会吗?"灰姑娘使劲儿地点了点头。

老婆婆说:"你是个心地善良的好女孩儿,我一定帮你实现愿望。"

说着,老婆婆拿出一根拐杖,轻轻敲了敲地上的南瓜,转眼间,南瓜变成漂亮的马车;又点了点墙角的四只老鼠,老鼠变成了四匹马;再指一指桌边的老猫,猫变成了马车夫;接着又点了点灰姑娘的衣服,脏衣服立刻变成耀眼夺目的新衣,灰姑娘从来没穿过这么漂亮的衣服!灰姑娘惊呆了,原来老婆婆是个魔法师。

最后,老婆婆拿出一双闪亮的水晶鞋,微笑着说:"快去参加舞会吧,记住,必须在午夜12点前回来,否则一切都会变回原样。"灰姑娘坐上马车向王宫驶去。

当灰姑娘进入王宫的大厅时，所有人都睁大眼睛看着这个无比美丽的姑娘，王子对灰姑娘说："请跟我跳支舞吧。"

灰姑娘像蝴蝶一样翩翩起舞，她的两个姐姐做梦也没想到，和王子跳舞的女孩儿就是那个灰扑扑的灰姑娘。王子一直在问灰姑娘的名字，但她却不能说，因为这一切都是魔法变的，不属于她。快到午夜12点时，她匆忙地离开了王宫。

第二天，灰姑娘又偷偷来到王宫，王子深深地喜欢上了她。

到了第三天,王子就只跟灰姑娘一个人跳舞了。灰姑娘跳得太高兴了,忘了回去的时间,当钟声敲响12下时,她突然想起老婆婆的嘱咐,赶紧向外跑去……

王子追了出去,大声喊:"请告诉我你是谁!"灰姑娘没有回应,还加快了脚步,连鞋子都跑掉了一只,可她顾不上捡。

王子拿着那只水晶鞋来到国王面前，说道："父亲，我要娶的是留下这只水晶鞋的美丽姑娘。"于是国王下令：谁能穿上这只水晶鞋，谁就可以嫁给王子。

灰姑娘的两个姐姐听到这个消息都非常兴奋，她们认为自己一定能穿上那只鞋。王子拿着水晶鞋挨家挨户地让每一个女孩儿试穿，结果找遍全城，也没找到能穿这只鞋子的女孩儿。

最后，王子来到了灰姑娘家，姐姐们都去试穿那只鞋，可她们的脚太大了，根本穿不上。

王子问她们的父亲，还有没有别的女儿，父亲这才想起了灰姑娘。结果，灰姑娘穿上了那只鞋，不大也不小，正合适。

王子抱住灰姑娘说:"你就是我的新娘!"国王为他们举办了盛大华丽的婚礼,从此,灰姑娘过上了美满幸福的生活。

给4岁孩子的故事

睡美人

从前有对国王和王后，一直没有孩子，他们为此非常伤心苦恼。有一天，王后正在河边散步，一条小鱼游出水面对她说："你的愿望就快实现了，你会拥有一个女儿。"

不久，小鱼的预言真的应验了，王后生下了一个漂亮的女儿。国王非常喜爱这个女儿，决定举行一场盛大的宴会。

国王不仅邀请了他的亲戚、朋友和外宾，还邀请了仙女，让她们为女儿祈福。他的王国里一共有八位仙女，但有一位仙女总不在家，国王只通知到七位仙女，所以有一位没被邀请。

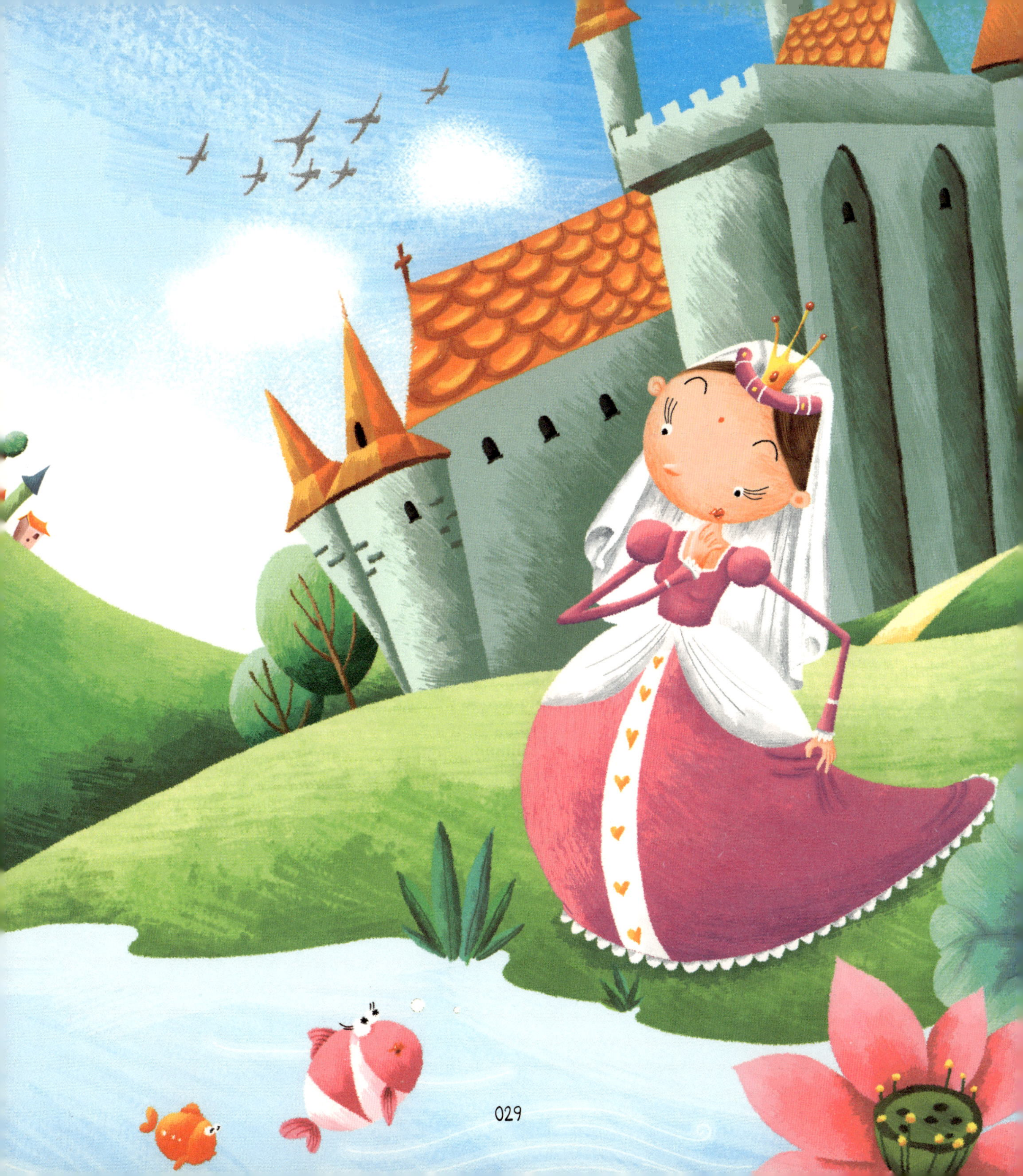

盛大的宴会结束后，各位来宾都给这个小公主送上了最好的礼物。仙女们送给她美貌、美德、财富……她们把世人所期盼的、世上所有的优点都送给了她。

第七位仙女刚要送上祝福，那个没有被邀请的仙女突然出现了，她非常愤怒，大声叫道："我诅咒国王的女儿在15岁时会被一个纺锤弄伤，然后死去！"在场的人都大惊失色，这时，第七位仙女献上了她的祝福，"这个咒语的确会应验，但公主不会死去，只是昏睡过去，昏睡100年。"

国王为了避免公主遭到预言中的不幸，销毁了王国里所有的纺锤。小公主一天天长大，仙女们的所有祝福都在她身上应验了。她聪明美丽，性格温柔，举止优雅，人见人爱。

031

在公主15岁的那天，国王和王后都不在王宫里，公主意外地发现一个古老的阁楼，阁楼里有一个狭窄的楼梯，楼梯尽头是一扇门，门上插着一把金钥匙。

公主转动金钥匙，门开了，一个老婆婆正坐在里面纺纱。公主问："老婆婆，您在干什么呢？"老婆婆回答说："纺纱。""看上去真有意思！"说着，公主上前想拿起纺锤纺纱，没想到纺锤刺伤了她，她倒在地上失去了知觉，仙女的诅咒真的应验了。

国王只好把公主安放在床上，等她100年后醒来。国王怕公主醒来后发现一切都变了，就请巫师施法，让王宫里所有的一切都陪着公主沉沉地睡去。国王和王后一起伤心地离开了王宫。

033

年复一年，王宫的四周长出了许多有刺的灌木，灌木越长越高，越长越茂密，最后竟将整座宫殿遮得严严实实，只露出塔尖。

许多许多年过去了，一天，一位王子踏上了这块土地。他听说了荆棘树丛的故事，知道树丛之内有一座漂亮的王宫，王宫中有一位仙女般的公主。王子说："我一定要看看这位美丽的公主！"

这天，时间正好过去了100年，王子穿过荆棘树丛，到达了王宫，看到沉睡的一切。

终于，他推开公主的房门。看到公主睡得正香，她是那么美丽动人，王子禁不住跪在公主面前。

就在这时，公主苏醒了过来，她睁开双眼看着眼前的王子，微笑着问道："是你救了我吗？你一定等很久了吧？"王子激动得说不出话来。

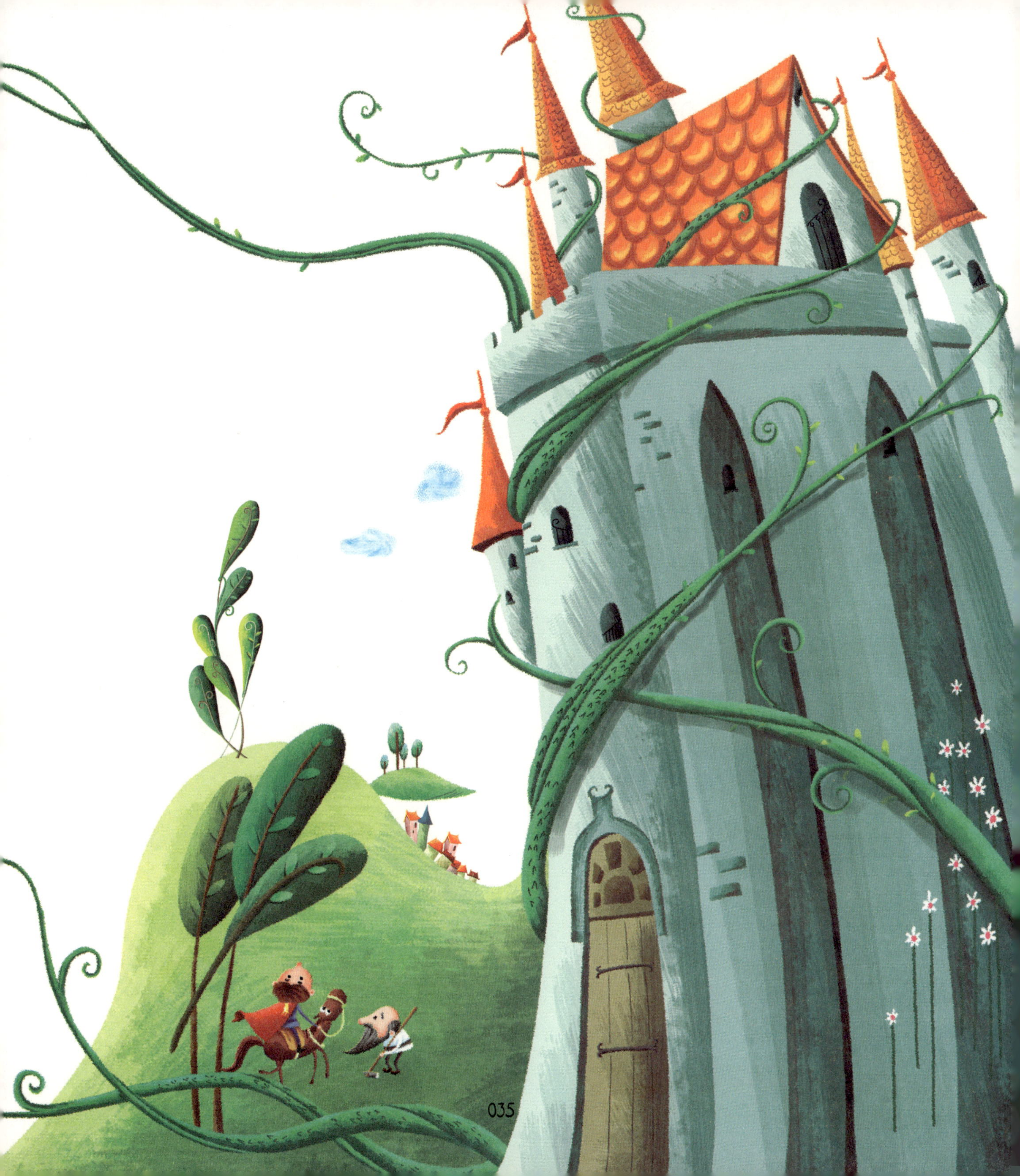

不久，王子和公主举行了盛大的结婚典礼，他们幸福快乐地生活在一起，一直白头到老。

给4岁孩子的故事

小红帽

有一个可爱的小女孩，喜欢戴一顶可爱的红帽子，人们都叫她"小红帽"。

一天，妈妈对她说："外婆生病了，你帮妈妈带一些点心去探望她，好吗？"小红帽非常乐意，她跟妈妈挥手再见，愉快地上路了。

她刚走进森林，就遇到一只大灰狼。大灰狼装出和善亲切的样子说："可爱的小姑娘，你叫什么？你要去哪儿？"

小红帽不知道大灰狼是喜欢吃人的大坏蛋，她笑呵呵地回答说："我叫小红帽，我要去看望外婆，她家就在森林里的三棵大橡树下。"大灰狼听了，心里一盘算，赶紧和小红帽告别，从另外一条路先跑到了小红帽的外婆家。

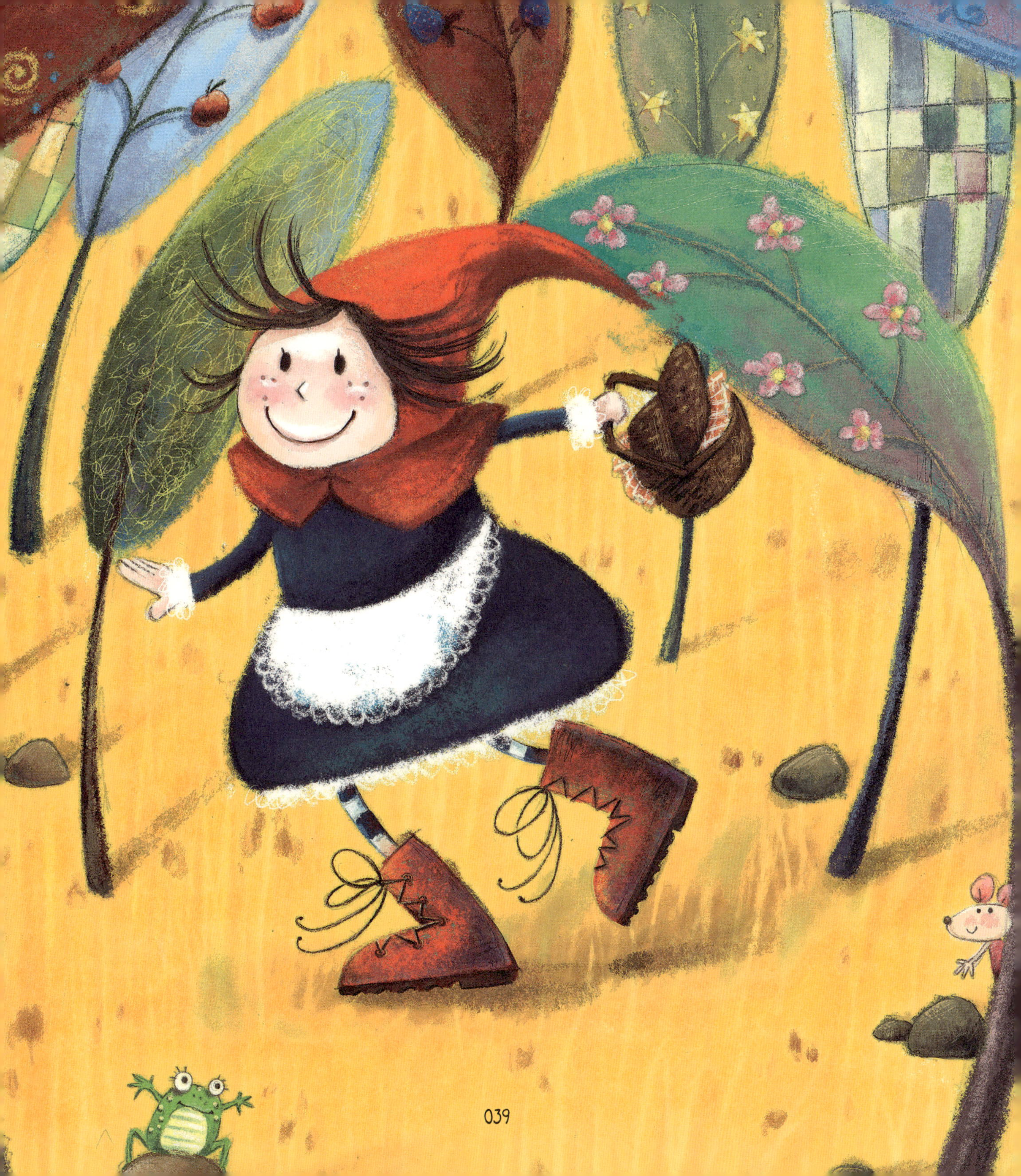

砰！砰！砰！大灰狼敲敲门，装出小红帽的声音："外婆，我是小红帽，我带东西来看您了！"外婆高兴极了，可是她觉得门外的声音有点怪，就问道："小红帽，你的声音怎么怪怪的呢？"大灰狼马上回答说："外婆，我感冒了，喉咙好疼，所以声音不太一样，您快开门吧！"

外婆打开门，却看到一只大灰狼朝她扑上来。大灰狼大笑着说："哈哈！我是来吃你的！"说着就把外婆整个吞到了肚子里。大灰狼穿上外婆的睡衣，爬到床上，装成外婆睡觉的样子。

不一会儿，他就听到小红帽唱着歌向外婆家走来。

小红帽推开虚掩的门说："外婆，您好些没有？我带了

很多好吃的来看您。"
狼外婆说:"你来了,我的乖孙女儿,外婆正想着你呢!"

小红帽奇怪地问:"外婆,您的声音好怪啊!"狼外婆说:"我感冒了呀,声音当然变了!"

小红帽走到床前,她看见狼外婆时吓了一跳,说:"外婆,您的耳朵和眼睛都变得好大啊!"大灰狼赶紧用帽子把耳朵盖住,说:"耳朵大,才听得清楚你说话啊,眼睛大才看得清楚你的脸啊。"

小红帽又问："可是，您的嘴巴也变得好大呀！"

"嘴巴这么大，才可以一口把你吃掉呀！"大灰狼突然从床上跳了起来，张开大嘴，一口把小红帽吞到肚子里去了。

大灰狼吃饱了，往床上一躺，马上就睡着了。

一位猎人从屋外经过，听到了屋里传出的呼噜声，他推门一看，原来是一只大灰狼睡得正香！狼的肚子好大啊，还有人在里面喊着"救命啊"！

猎人拿出剪刀，把外婆和小红帽救了出来。大灰狼呢，他到现在还没有醒，他还能再醒过来吗？

给4岁孩子的故事

狼和七只小羊

山羊妈妈有七个孩子，一天，她把孩子们叫过来说："我要到森林里去办事，你们一定要提防狼，千万不能把他放进屋，否则他会把你们吃掉的。你们只要一听到他那粗哑的声音，看到他那黑黑的爪子，就能认出他来。"小山羊们说："我们记住了。"

妈妈出门了，小山羊们牢牢地记着妈妈的话。这时，一个粗哑的声音喊道："孩子们，妈妈回来了，我给你们带来了好吃的！"

小山羊们立刻知道是狼来了，他们大声说："你不是我们的妈妈，她的声音又软又好听，你是狼！"

狼又捏着嗓子用细细的声音喊道："开门，我真的是你们的妈妈！"小山羊们从门缝中看到了黑黑的爪子，说道："不开不开，妈妈没有你这样的黑爪子，你是狼！"

047

于是，狼用面粉把爪子弄成了白色。他再次来到山羊家，一边敲门一边捏着嗓子说："孩子们，妈妈回来了，还给你们带来了好吃的东西。"

狼把爪子从门缝中伸进去，小山羊们看到白爪子，以为真的是妈妈，便打开了门。狼毫不客气地把小山羊们都吞进了肚子，只有那只最小的山羊躲起来了，没有被狼发现。狼吃饱了之后，便回到森林里在大树下呼呼大睡起来。

这时，山羊妈妈回来了，最小的山羊告诉妈妈，狼把哥哥姐姐都吃掉了。妈妈伤心地哭起来，她找到熟睡的狼，发现狼的肚子里有什么东西在动，她想："难道我的孩子还活着？"

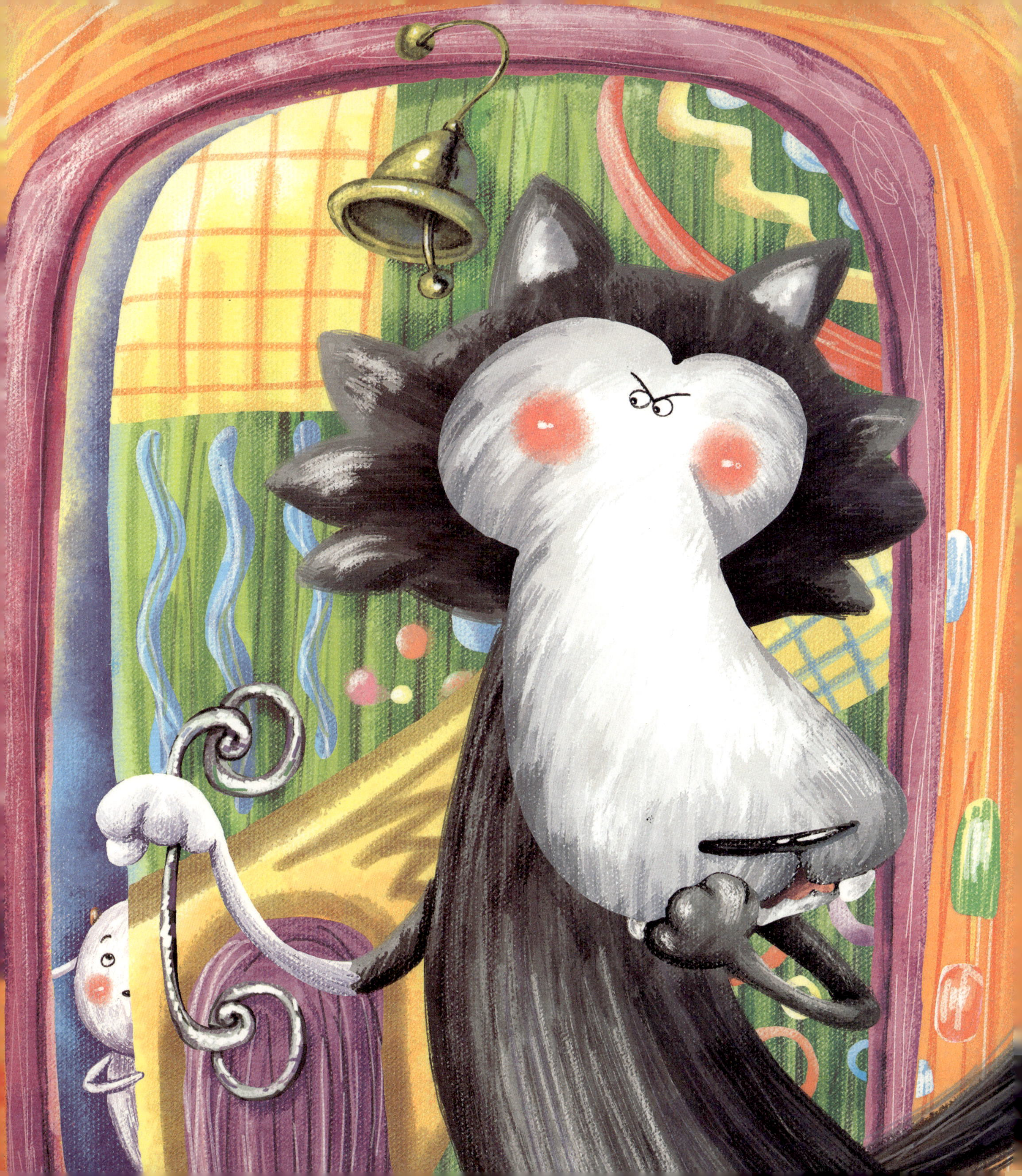

最小的山羊跑回家，拿来了剪刀和针线。山羊妈妈把六只小山羊从狼的肚子里救了出来，他们全都活着，而且也没有受一点儿伤，原来狼太着急了，把小山羊们整个吞下去了。

山羊妈妈说："你们快去找些大石头来，我们把石头装到狼的肚子里。"七只小山羊捡来了很多石头，拼命地往狼肚子里塞，羊妈妈又飞快地把狼肚皮缝好。

狼睡醒了，想到井边去喝水，可他刚一迈脚，肚子里的石头便互相碰撞，发出咚咚的响声。他心想："六只小山羊，怎么那么重啊？"

狼好不容易来到了井边，可是肚子里的石头太沉了，他刚弯下腰，就掉到了井里。

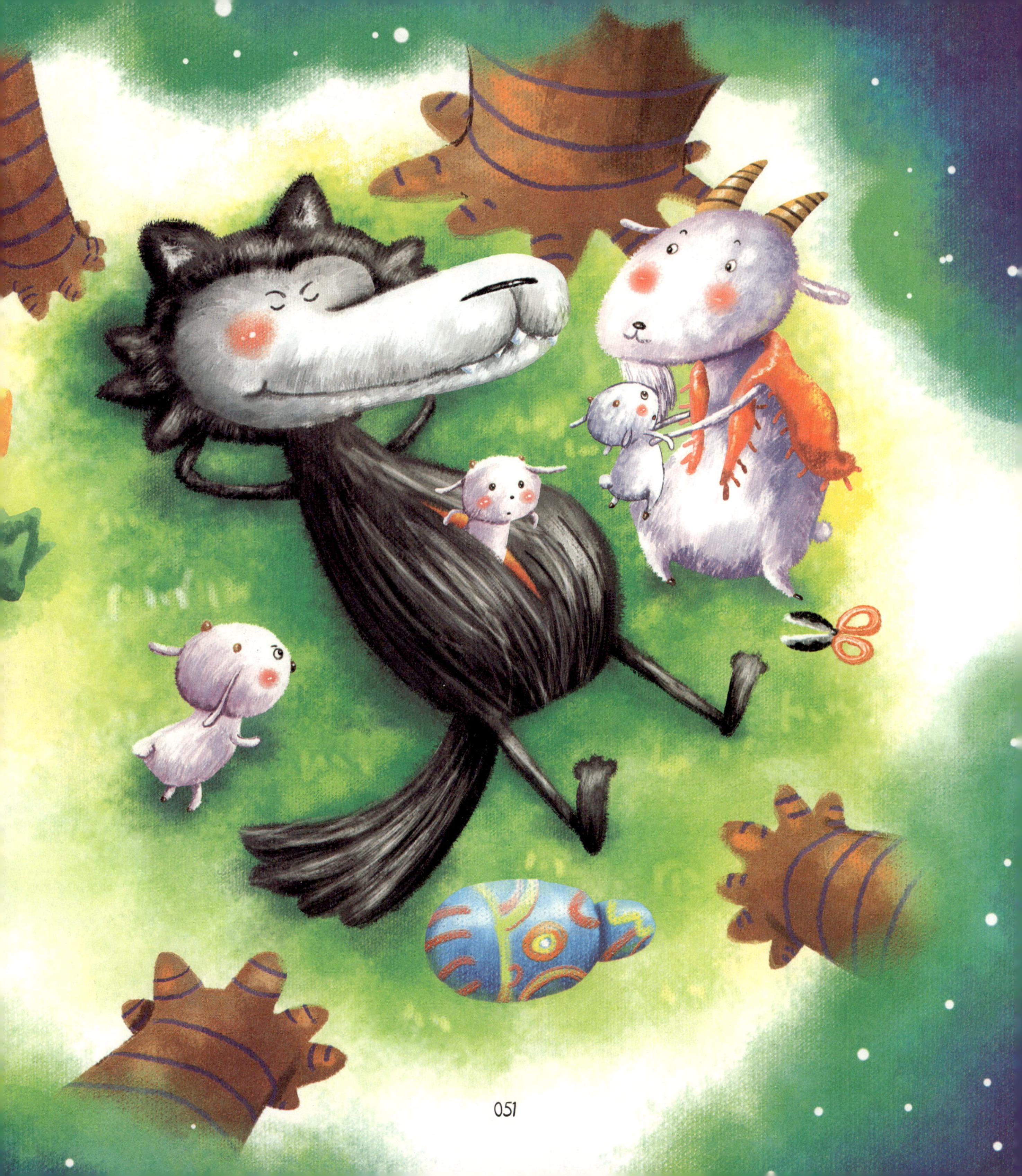

"大坏狼死了！大坏狼死了！"七只小山羊高兴地和妈妈一起围着水井跳起舞来。

给4岁孩子的故事

不莱梅音乐家

从前有一头驴子,他辛辛苦苦地为主人服务了一辈子。当他老了,没有力气再去磨麦子的时候,主人便打算把他杀掉。驴子知道了,决定逃到不莱梅市去,在那里当一个音乐家。

路上,他看见一条猎狗躺在路边打哈欠。驴子问猎狗为什么躺在这儿,狗说,因为他老了,再也不能跟主人去打猎了,主人要打死他,他是逃出来的。驴子邀请他一起去不莱梅当音乐家,猎狗和他一起上路了。

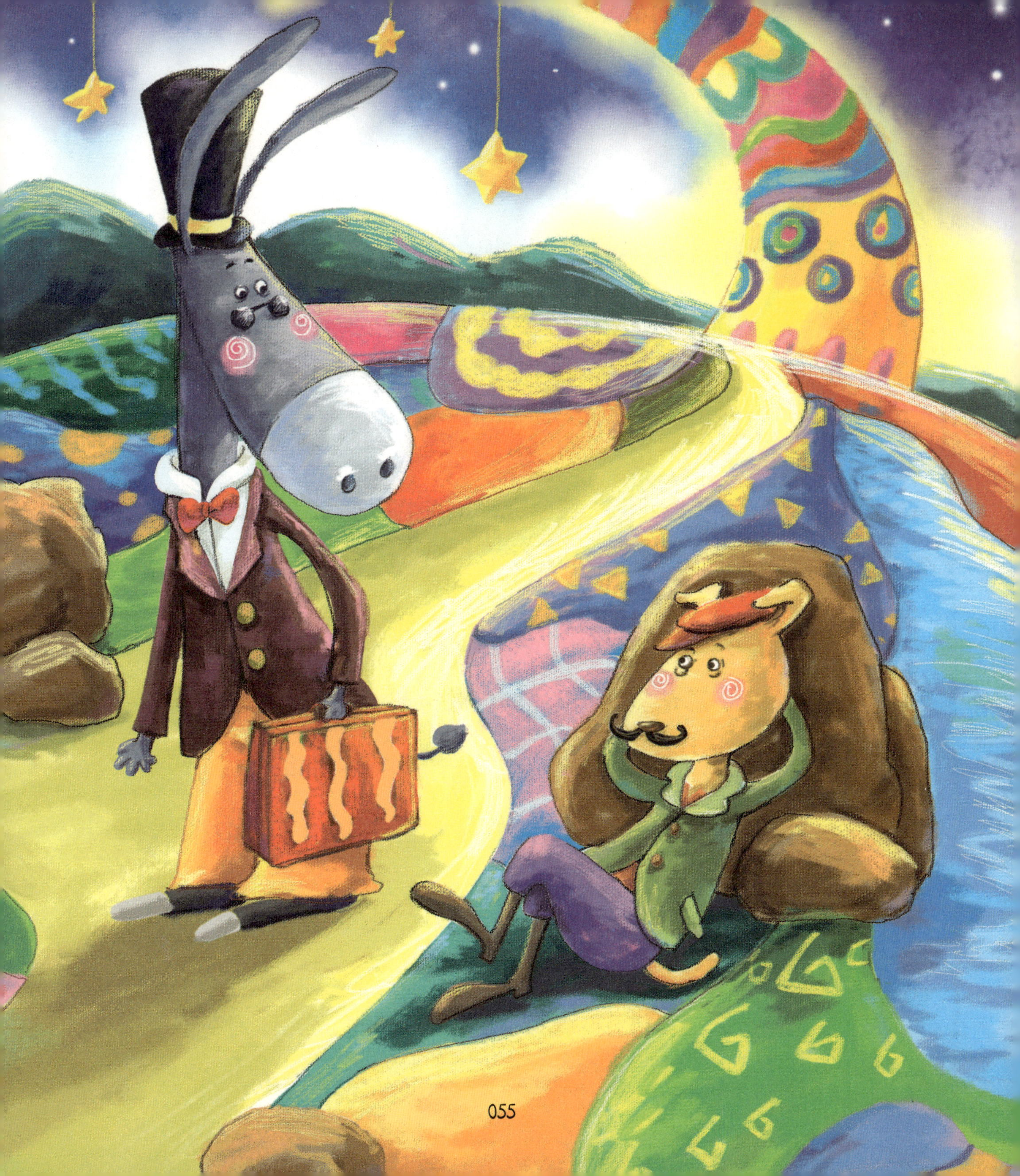

没走多远，他们看见一只猫坐在路边，满脸忧愁。驴子问她有什么不称心的事，猫说她的年纪大了，牙齿钝了，不能再捉老鼠了，狠心的女主人要淹死她，她逃了出来，却不知到哪里去。驴和猎狗邀请她一起去不莱梅当音乐家。猫很乐意，三个落难者一起上路了。

他们走了一阵，在一个农庄门前看见一只公鸡在痛苦地叫喊。驴子问他怎么了，公鸡说，今天有客人来，女主人准备杀了他招待客人，趁现在还没死，他要大声叫喊。大家认为公鸡有天生的好嗓子，就邀请他一起去当音乐家，于是他们四个一同朝不莱梅走去。

这天晚上，他们决定在森林里过夜，公鸡在临睡前朝四面张望了一遍，望见远处有一点灯光，他们循着灯光来到一座房子跟前。驴子探头朝屋里一看，只见桌上摆满了丰盛的饭菜，

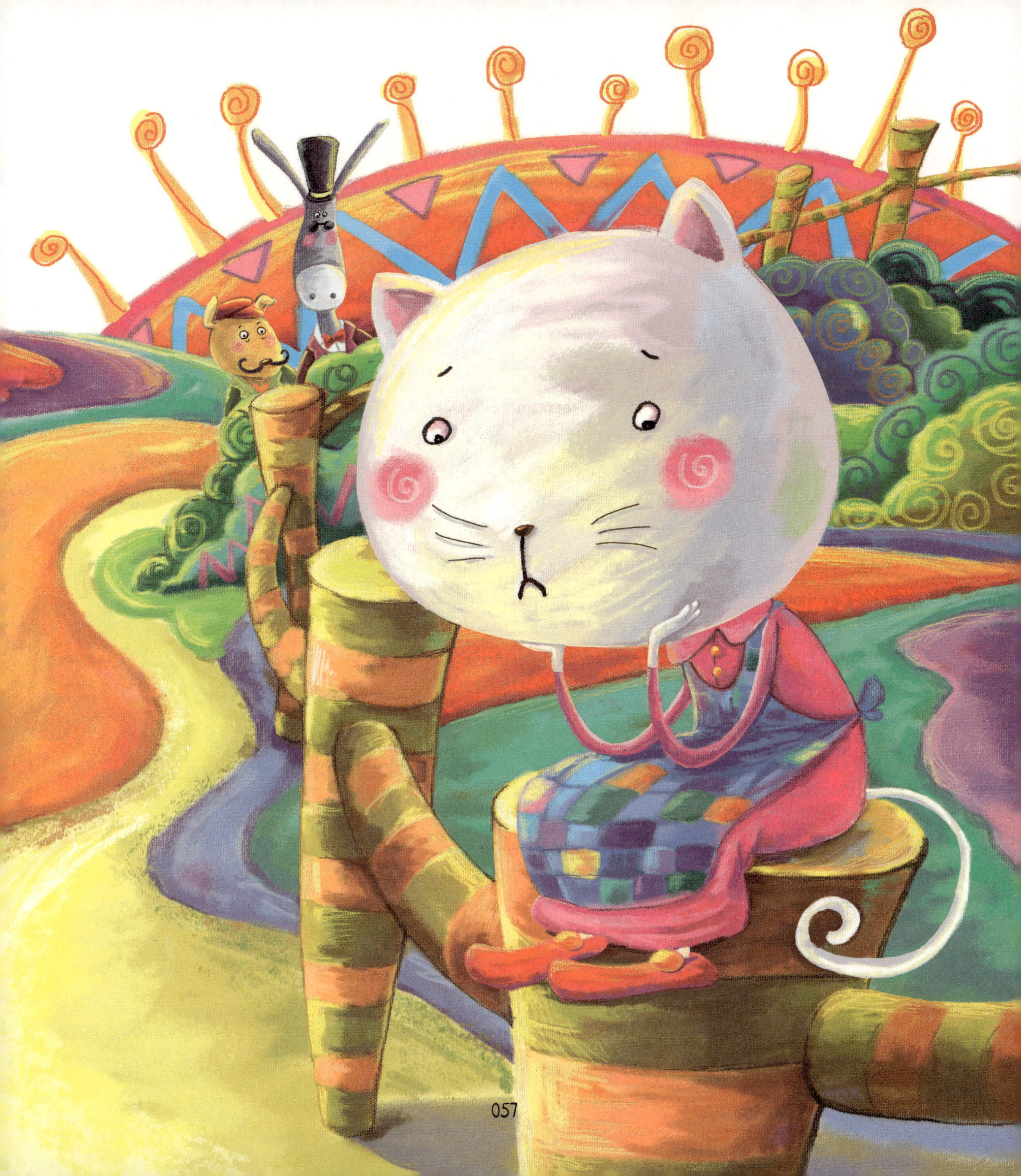

几个强盗正在高兴地大吃大喝。

驴子、狗、猫和公鸡也想吃到这些食物，他们决定把强盗赶走。

驴子把前腿放在窗台上，狗跳到驴子的背上，猫爬到狗的身上，最后公鸡飞上去，站在猫的头上，然后他们同时大声叫喊。驴叫、狗吠、猫喊、鸡鸣，各种叫声响成一片，他们还闯进了屋里，撞碎了窗玻璃，碎玻璃哗啦哗啦乱响。强盗们听见这些可怕的声音，以为妖怪来了，吓得跳起来，慌慌张张逃走了。

四个伙伴坐到桌子边，心满意足地大吃大喝起来。吃完之后，他们按照各自的习惯，找到舒服的地方准备睡觉了。

驴子躺在院子里的粪堆上，狗睡在后门口，猫趴在炉灶的热灰里，公鸡蹲在房梁上。因为白天赶路太

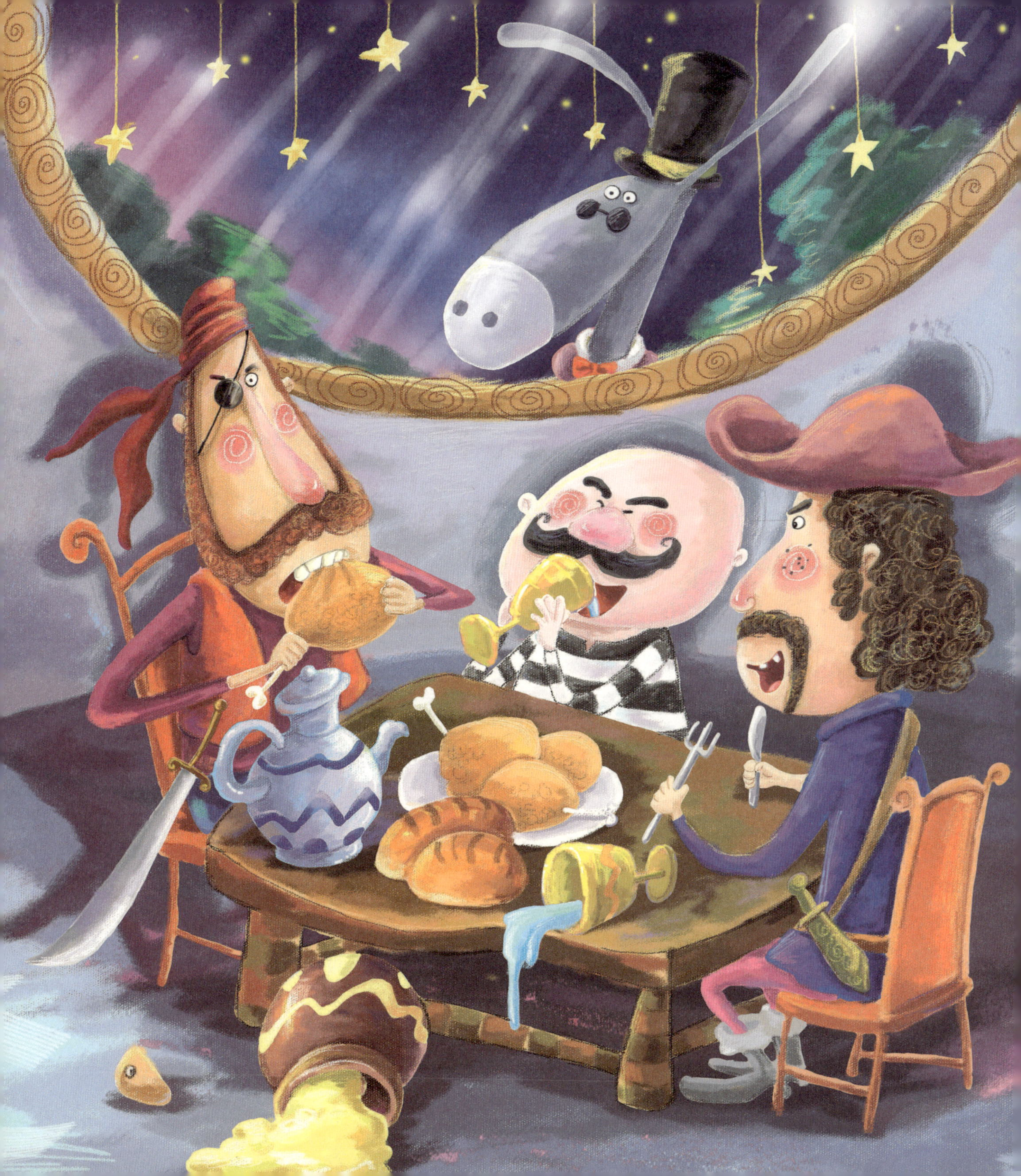

疲乏，他们很快就睡着了。

半夜，强盗头子从远处望见屋子里没有灯，就派一个强盗回来侦察。

强盗摸到厨房里，想到炉灶里去点火，碰到了睡着的猫，猫抓他咬他，吓得他赶紧往后门逃，不料踩到了躺在那儿的猎狗，猎狗跳起来咬他的腿，他又逃到院子里，结果被那儿的驴子踢了一脚。这时公鸡也惊醒了，在屋梁上朝着下面大叫。

强盗逃回去报告说："屋子里有个巫婆，她用长指甲抓我的脸，门口有个人用刀子戳我，院子里有个怪物用棍子打我，屋顶上坐着一个法官，大叫着要抓我，我只好逃回来了！"

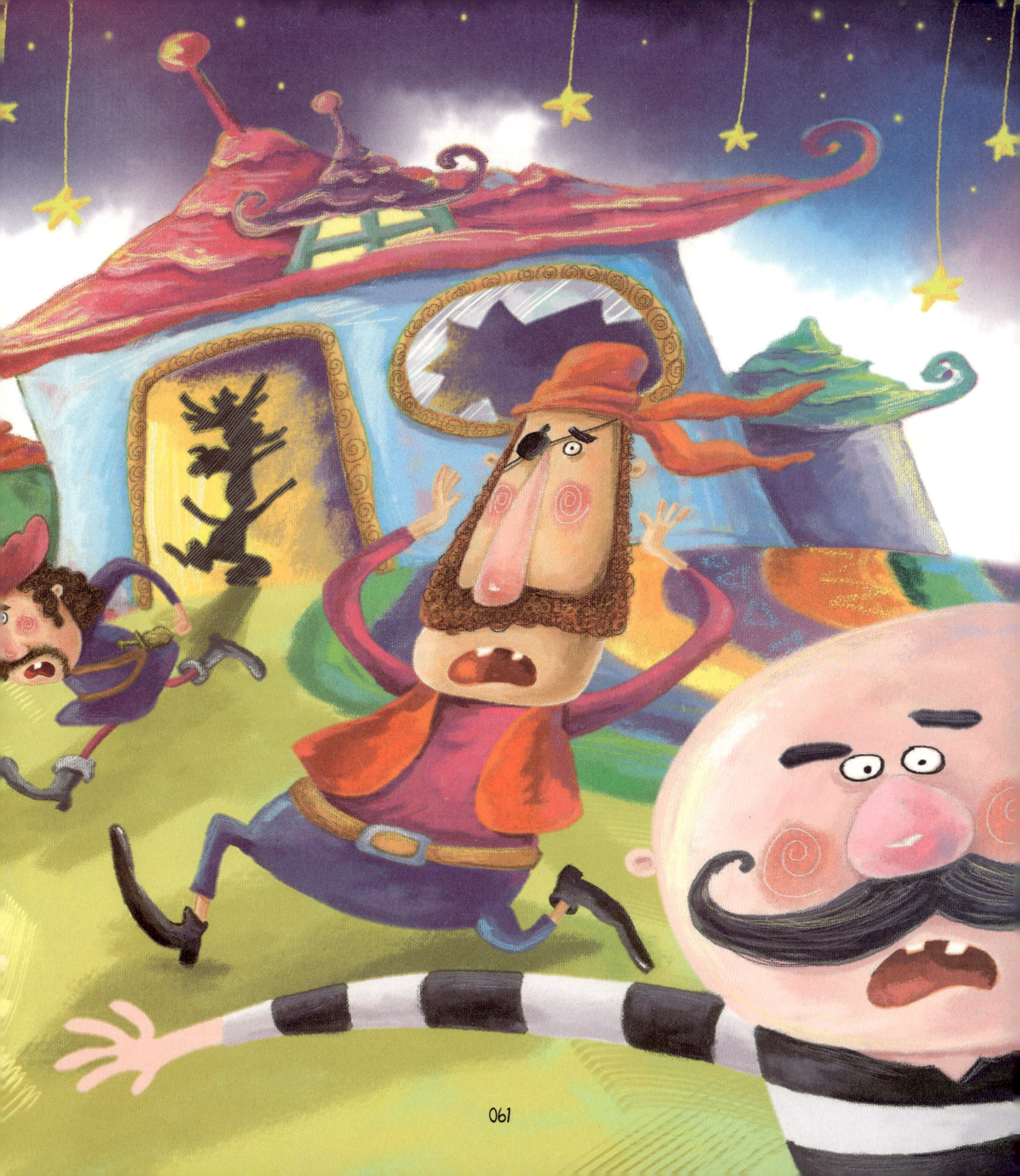

从此，强盗们再也不敢到那个屋子里去了，四个不莱梅的音乐家一直住在那里。

给4岁孩子的故事

糖果屋历险记

班吉尔和妹妹科兰蒂跟着爸爸与继母一起生活，家里太困难了，继母就建议把两个孩子丢到森林里去，爸爸虽然不舍得，但还是答应了。

兄妹俩得知了这件事，伤心极了。聪明的班吉尔偷偷地跑到院子里，捡了许多小石子。

第二天，继母和爸爸带着他们到森林里去，班吉尔沿途丢下了许多小石子，作为回家时认路的标记。

继母说："你们在这里等着，我们砍完柴就来接你们。"

兄妹俩坐在草地上玩耍，不知不觉就睡着了，等醒来时，天已经黑了。科兰蒂害怕地哭了起来，班吉尔领着她，沿着地上的小石子走回了家，爸爸非常高兴，但继母却沉着脸。

过了几天，继母又对爸爸说："这回把他们丢远点吧。"这一次，班吉尔没来得及去捡小石子，他只好用面包屑代替，沿路撒下去。没想到，面包屑却被鸟儿吃光了。

兄妹俩饿着肚子在森林里转来转去，突然，班吉尔的眼睛一亮，"看！那儿有座房子！"

他们走近一看，这座房子全部是用糖果、饼干做成的。兄妹俩实在是饿坏了，忍不住扑上去忘情地吃了起来。

这时，身后传来一个和蔼的声音："是谁在啃我的房子呀？"一位盲妇人从屋里走出来。

哥哥说："对不起，我们迷路了。"

盲妇人温和地说："可怜的孩子，进来吧！屋子里有许多好吃的东西。"其实，这个盲妇人是专吃小孩儿的女巫。女巫把班吉尔关起来，又让科兰蒂当女佣，天天给班吉尔送好吃的，想把他养胖些再吃掉。

女巫每天都去摸班吉尔的手指头，看有没有长胖。但班吉尔很聪明，每次都伸出吃过的鸡骨头给

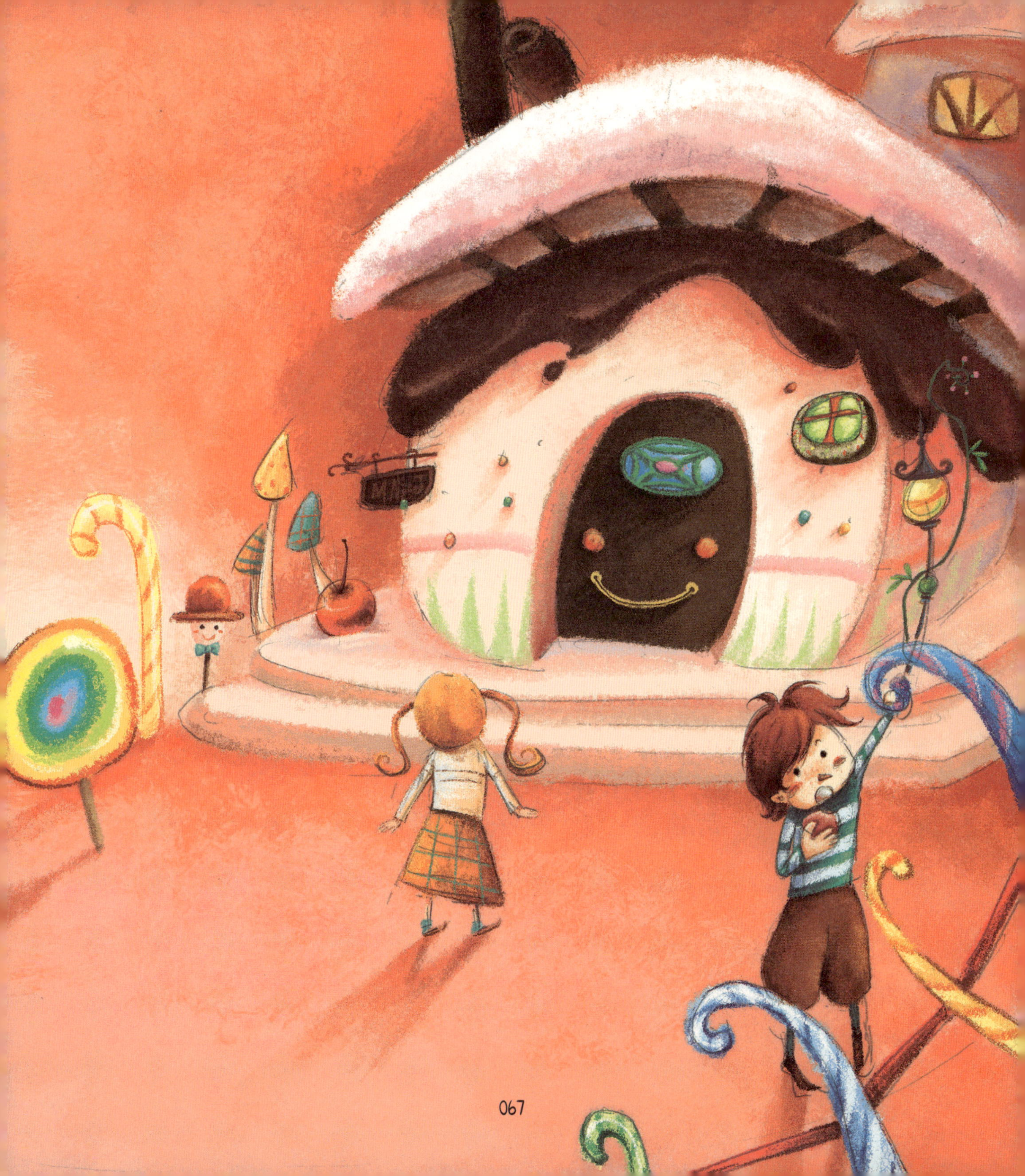

她摸，所以摸着总是瘦瘦的。

女巫终于等不及了，叫道："科兰蒂，我不等了，你现在就去生火，我今天就要把你哥哥煮了吃！"科兰蒂一边生火一边哭。

过了一会儿，女巫又叫她："去看看水开了没有！"科兰蒂突然想到了一个好办法，她对女巫说："我不会看！你自己来吧。"女巫便走近锅旁，仔细地听锅里的水声。这时，科兰蒂从后面猛撞了过去，女巫就这样撞在热锅上，受了伤。

科兰蒂飞奔着去救哥哥，他们在地下室发现了一个大箱子，打开一看，箱子里装着满满的珠宝和金币。班吉尔说："我们带一些回家吧。"他们把口袋塞满珠宝和金币，赶紧离开了。

兄妹俩好不容易走出森林，回到了家。

069

爸爸高兴地把他们抱住。原来，他们走后，爸爸很后悔，每天过着伤心的日子，继母也离开了。兄妹俩把带回来的金银珠宝全部拿给了爸爸，"爸爸，这是我们带回来的礼物。"

接着，他们又把在森林里遇到的事情告诉了爸爸。爸爸感动地说："对不起，我可怜的孩子，以后我再也不让你们离开了。"

从此，一家三口又快乐地生活在一起。

给4岁孩子的故事

丑小鸭

一只母鸭正在孵小鸭,啪!啪!蛋壳一个个裂开,小鸭们都伸出了小脑袋。鸭妈妈高兴极了,她刚想站起来,却发现一颗好大的蛋还没有动静,于是她又坐了下来。

一位邻居劝她放弃,可慈爱的鸭妈妈不舍得。那颗大蛋终于裂开了,一只又大又丑的小鸭子爬了出来。

第二天,鸭妈妈带着她所有的孩子来到溪边,她扑通一声跳进水里,嘎嘎地叫着。小鸭子们也一个接一个地跳下水,

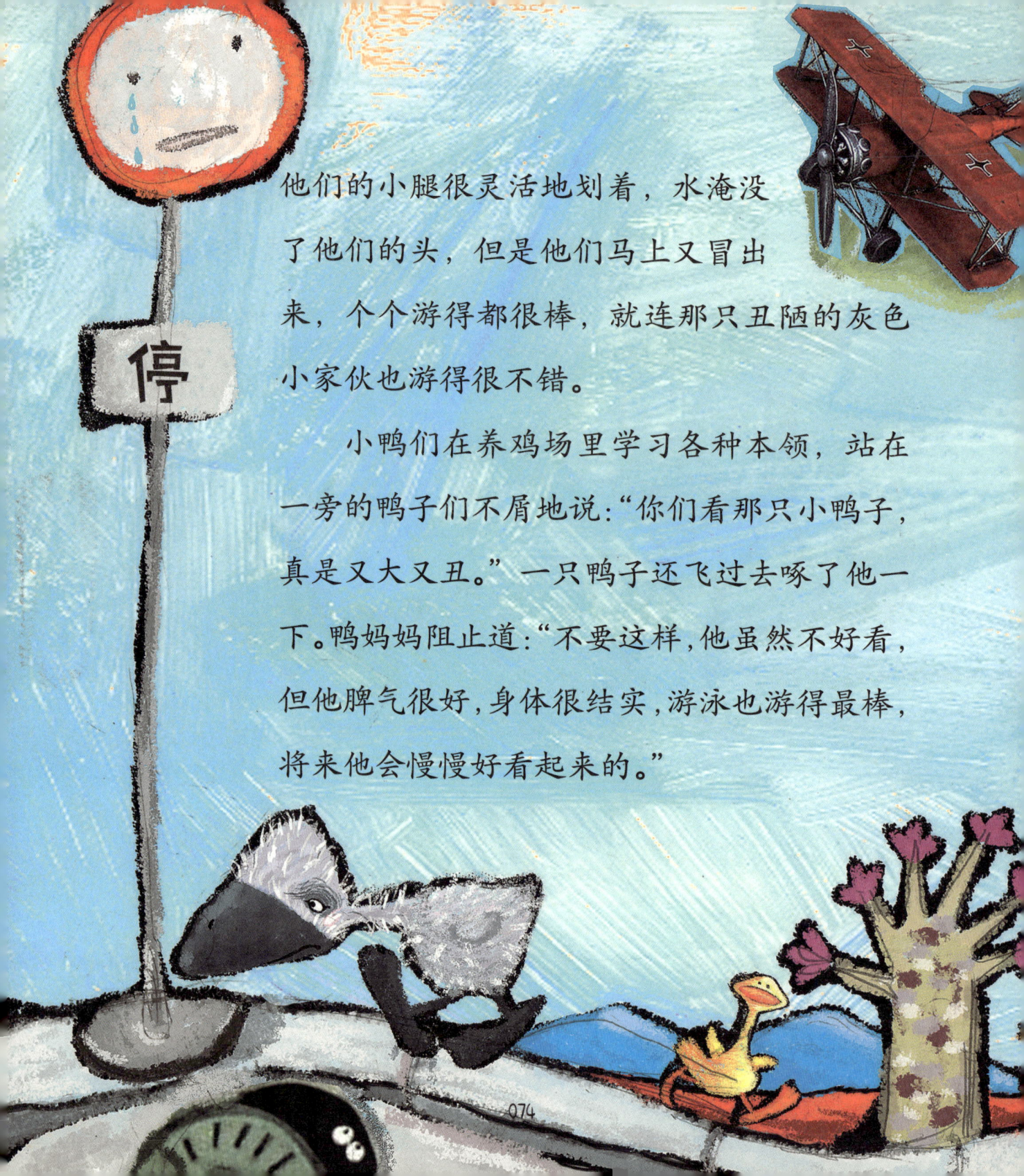

他们的小腿很灵活地划着，水淹没了他们的头，但是他们马上又冒出来，个个游得都很棒，就连那只丑陋的灰色小家伙也游得很不错。

小鸭们在养鸡场里学习各种本领，站在一旁的鸭子们不屑地说："你们看那只小鸭子，真是又大又丑。"一只鸭子还飞过去啄了他一下。鸭妈妈阻止道："不要这样，他虽然不好看，但他脾气很好，身体很结实，游泳也游得最棒，将来他会慢慢好看起来的。"

小鸭们在养鸡场里就像在自己家一样，自在快乐。只有那只丑小鸭在妈妈保护不到的地方总是挨打，处处受冷落，他成了鸡鸭们嘲笑的对象，喂鸡的女用人

甚至会用脚踢他。

丑小鸭很难过,他悄悄地逃走了。一口气跑到一块沼泽地里,他累极了,于是在芦苇地里躺了两天。

两只公雁飞来说:"你真丑,但很可爱。你也做候鸟,跟我们一起飞吧。"话音刚落,只听砰砰两声,他们被埋伏在附近的猎人打死了。

天黑了，丑小鸭来到一个残破的农家小屋，屋里住着一个老太婆、一只猫和一只母鸡。第二天清晨，大家注意到了这只来历不明的小鸭，猫开始喵喵地叫，母鸡也咯咯地喊起来。丑小鸭还是受到了歧视，他又离开了。因为他的样子丑，所有的动物都瞧不起他。

　　秋天到了，天越来越冷。一天傍晚，一群漂亮的大鸟从灌木林里飞出来，丑小鸭从来没见过这样美丽的鸟。他们白得发亮，颈项又长又柔软，原来这就是天鹅。他们要从寒冷的地带飞向温暖的国度，飞到不结冰的湖上去。

　　冬天来了，丑小鸭被冻僵了，一位农夫把他带回

了家，交给女主人。

小孩子们想跟他玩，丑小鸭很害怕，一下子跳到了牛奶盘里，把牛奶溅得到处都是。他一着急，又飞到了黄油盆里，随后又掉进面粉桶里。女主人尖声地叫起来，拿着火钳要打他。小孩儿们你推我挤，想抓住丑小鸭。他们又是笑，又是叫！幸好大门是开着的，丑小鸭钻进灌木林中的雪地里逃走了。

太阳温暖地照着大地，百灵鸟唱起了

歌，美丽的春天来了……

丑小鸭使劲儿地拍了拍翅膀，奋力地飞了起来。他飞进了一座美丽的大花园，看到了三只美丽的白天鹅。丑小鸭想："我要飞向他们，飞向这些自由的鸟儿！"于是，他飞到水里，向这些美丽的天鹅游去。

天鹅们看到他，马上就竖起羽毛向他游来，他羞愧地把头低低地垂到水面上。他看

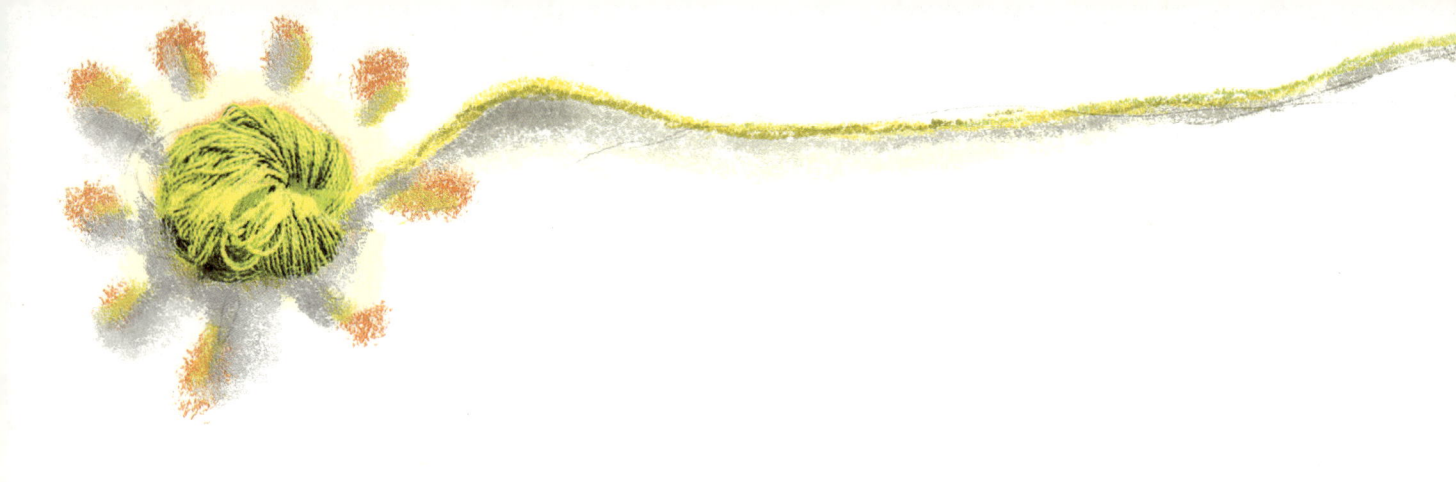

到了什么？他看见湖面上映出一个漂亮的影子，那不再是一只粗笨的、深灰色的、又丑又令人讨厌的丑鸭子，而是一只美丽的天鹅！他高兴极了，觉得自己是世界上最幸福的鸟儿。

花园里来了几个孩子，最小的那个孩子喊道："你们看那只新天鹅！"别的孩子也兴高采烈地叫起来："是的，又来了一只新的天鹅！"他们兴奋地拍着手，跳起舞来。大家都说："新来的这只天鹅最美！那么年轻，那么好看！"

"丑小鸭"很难为情，把头藏进翅膀里，他觉得太幸福了，因为大家说他是一只最美丽的鸟儿。

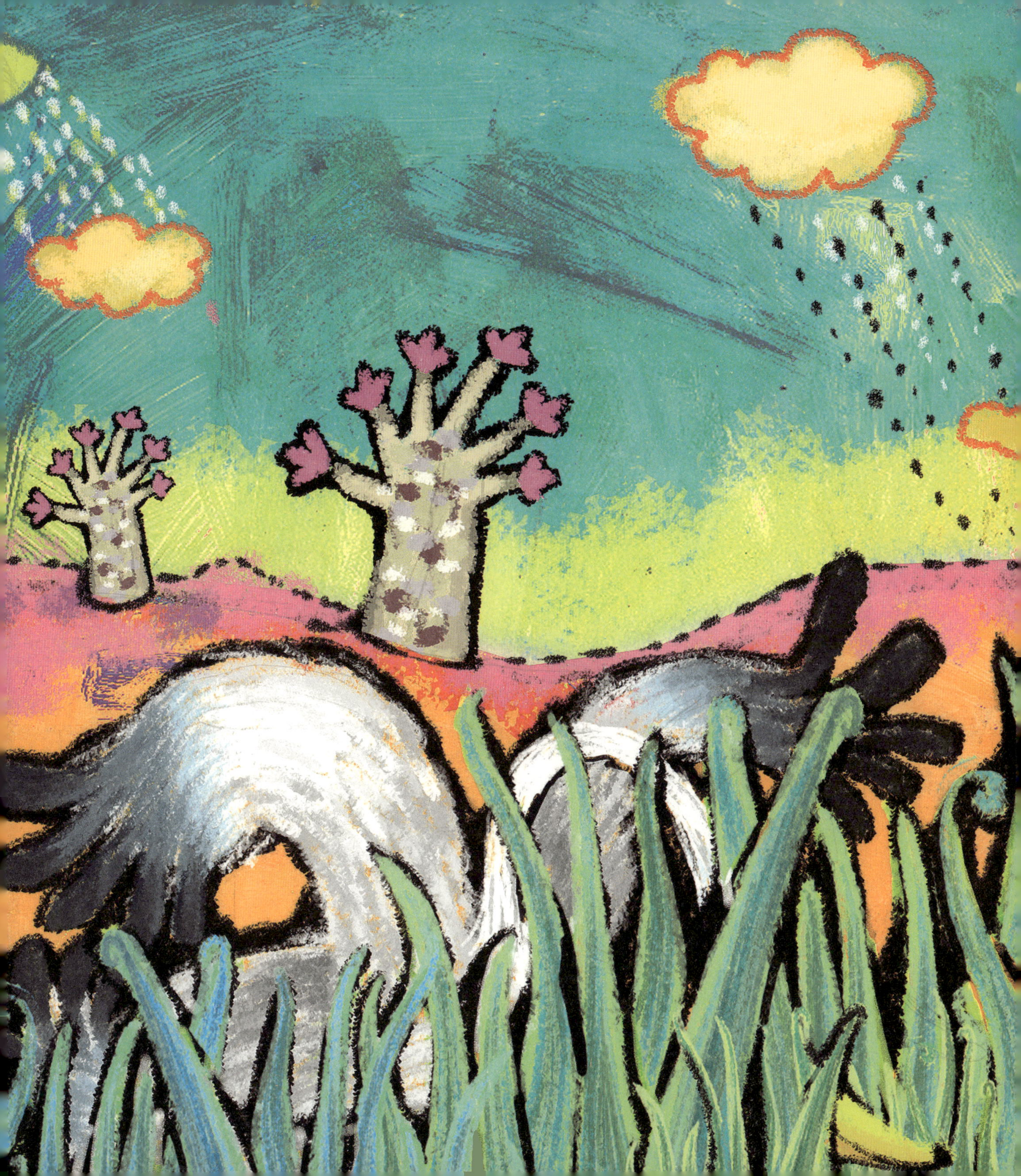

一只丑小鸭 → 一只天鹅

终于，他扇动翅膀，伸直细长的颈项，从内心里发出快乐的声音："当我还是一只丑小鸭的时候，我做梦也没有想到会拥有这么多的幸福！"

终

给4岁孩子的故事

皇帝的新装

从前，有一位很喜欢穿新衣服的国王，他差不多每过十五分钟就要换一件衣服。他既不关心他的国家，也不在乎他的子民，他几乎把所有的时间和金钱都花在买衣服上了。

别国的子民谈到他们的国王，都是说："国王在处理国事。"可是在这个国家里，大家总是说："国王在换衣服。"

国王对新衣服的渴望越来越强烈，他已经不满足于普通布料做出来的衣服了。

这一天，有两个骗子化装成织布匠，来到国王的面前，声称能做出世界上独一无二的衣服。国王傲慢地说："我见过各种各样的布料，穿过各式各样的衣服，你们如果骗我，将会受到惩罚！"

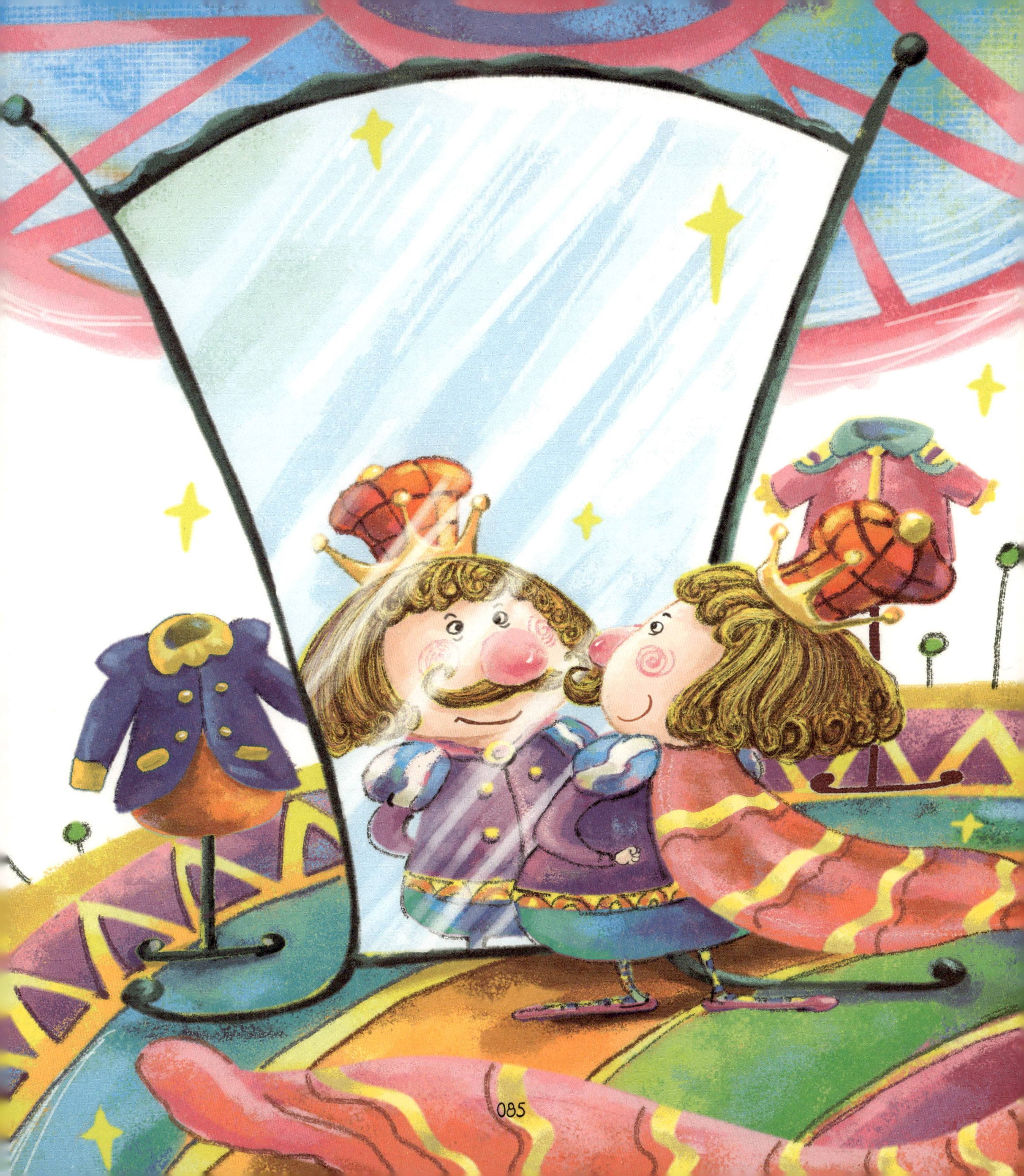

骗子说:"尊敬的国王,我们真的能织出世界上谁都没见过的一种布,这种布不仅非常漂亮,还有一个最大的特点,就是愚蠢的人或能力跟他的职位不相配的人都看不见。"

国王听了很高兴,如果拥有了这种布料的衣服,不就能知道身边哪些人愚蠢,哪些人不称职了吗!于是国王开心地付了钱让他们在宫中织布。

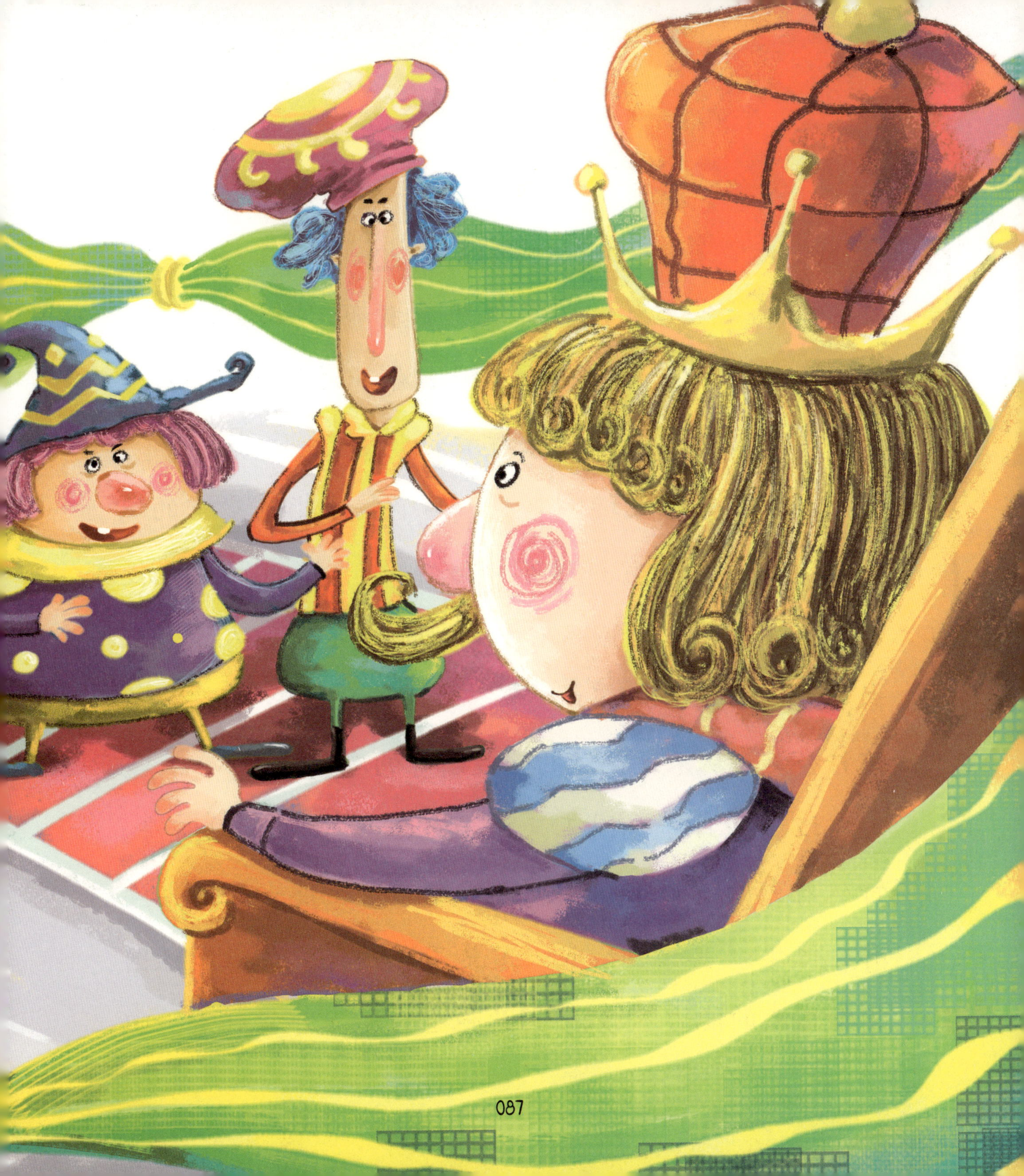

过了一些日子，国王很想看看布织得怎么样了，可是他心里又有点不安，万一他看不到那种布呢？于是国王让最诚实的宰相去看看。

忠诚的宰相走进织布房，两个骗子指着空空的织布机，问他："您觉得这布料好看吗？"宰相什么也没看到，但是他担心国王会认为他是个愚蠢的人，不配做宰相。于是他说："太美了，真好看！我要告诉国王，这种布是我从来没见过的，最新奇的布！"

过了些日子，国王又派他的贴身侍从去织布房。侍从看到的情形跟宰相一样，织布机上连一根丝也没有。他想："真糟糕！我一定是不配做侍从，不能让国王知道我的能力不够。"因此他也称赞布非常好看，回

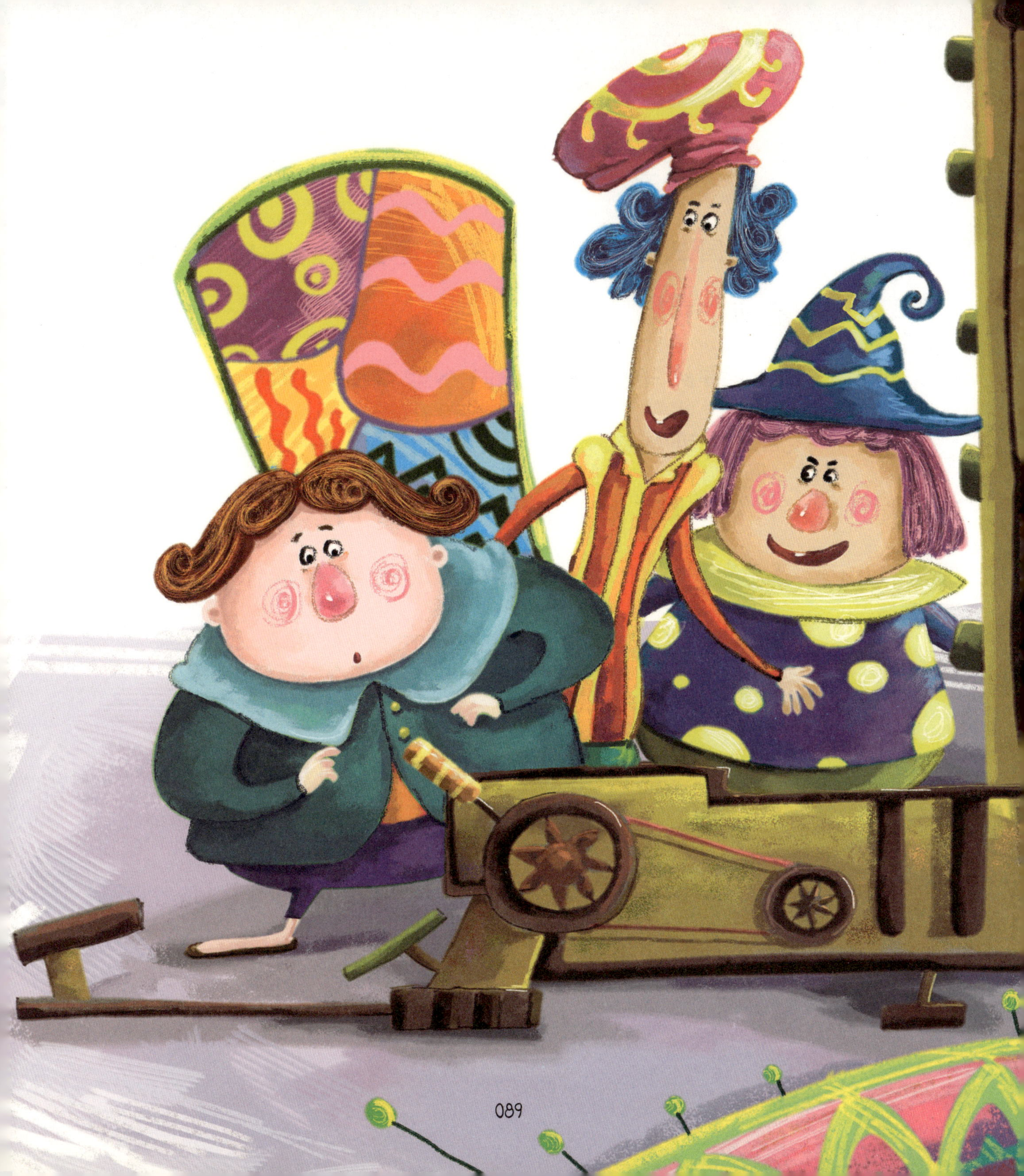

去对国王说："陛下，您一定会喜欢，那种布太美丽了！"

布终于织好了，两个骗子把"布"拿给国王看。可国王只看到装布的空盒子，国王想："我什么也没看见，难道我是愚蠢的人，不配做国王？"于是他说："这块布真是好看极了，是世界上最新奇的布！"宰相和侍从也表示同意，并建议做成衣服。

国王赏给骗子许多钱，要他们用这块布给自己做一套衣服，准备在游行大会时穿。

两个骗子日夜赶工，把衣服做好了。他们请国王脱光衣服，然后拿着"新衣服"给国王穿，他们说："看，这是内衣，这是衬衫，这是外套。

091

这种美丽的布像蜘蛛网一样轻巧，穿上一点儿感觉都没有。"

游行时，全城的人都争着来看国王的新衣服。他们个个都说："国王的新衣服好漂亮啊！世界上再也没有比这更漂亮、高贵的衣服了！"国王得意极了。

这时，人群中一个小孩儿突然叫起来："国王明明光着屁股嘛！他身上什么都没穿！为什么你们一直称赞国王的衣服好看呢？"大家把这些话传播开来。

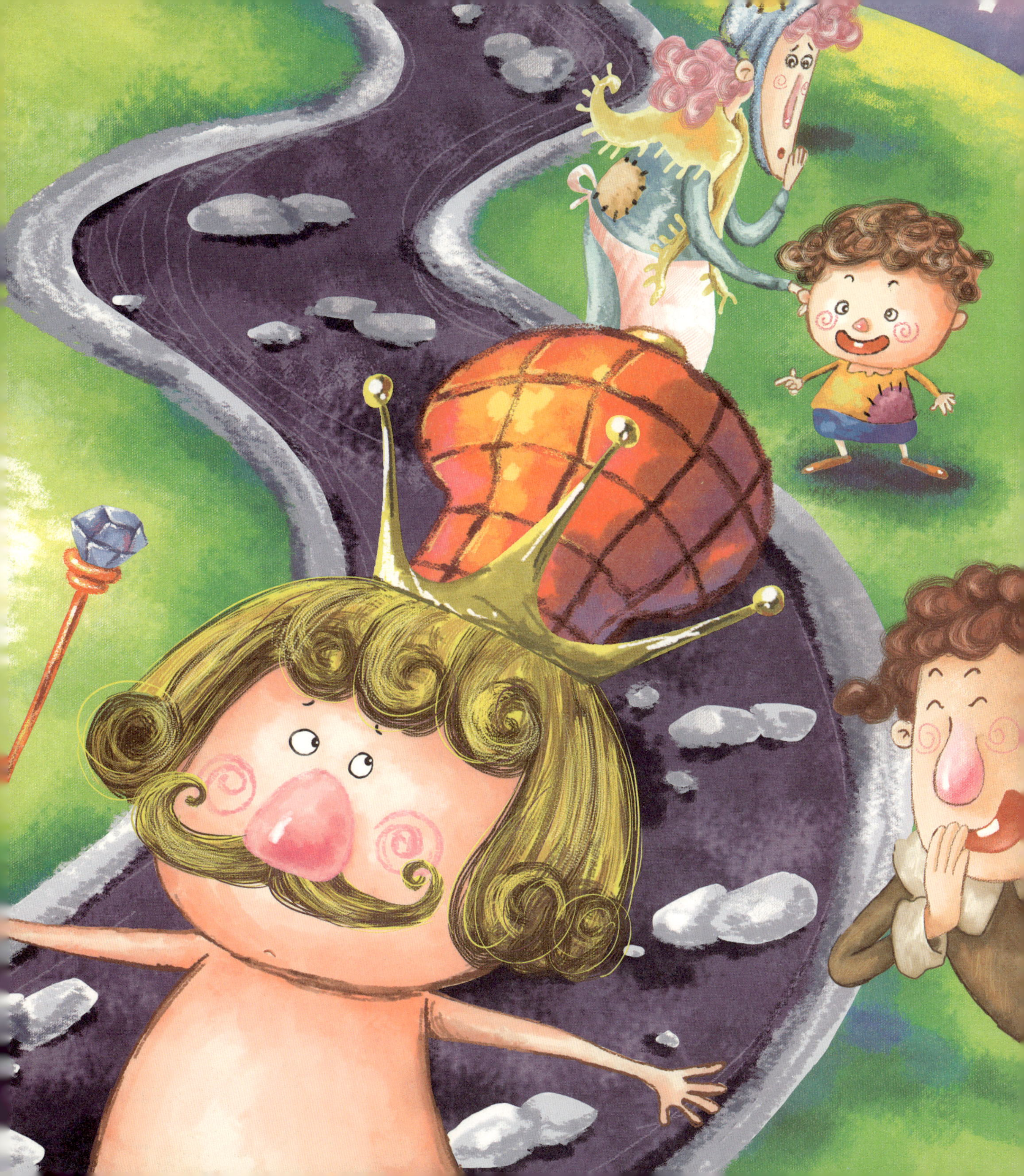

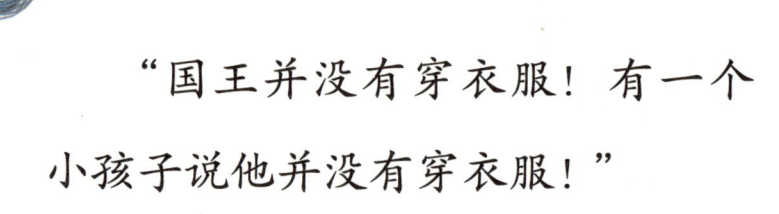

"国王并没有穿衣服!有一个小孩子说他并没有穿衣服!"

最后,所有的老百姓都说:"国王本来就是什么衣服都没穿呀!"

国王颤抖了,因为他知道大家说得对。可是他接下来又一想:"我可得撑着,无论如何也要等到游行仪式结束。"

于是,国王振作精神,更加得意地向前走去,两位侍从依然庄严地提着并不存在的皇袍后裾,跟在后边。

给4岁孩子的故事

拇指姑娘

从前，有个老妇人非常希望有个孩子，她去请求女巫帮忙。女巫给了她一颗种子，让她种在花盆里。不久，种子发芽，长出一朵像郁金香一样的花，花瓣紧紧包在一起。

"好美的花啊！"老妇人忍不住轻轻地亲了花一下，没想到，花马上开放了，花朵中央还坐着一个好小好小的小女孩儿，像拇指一般大小。于是，人们都叫她——拇指姑娘。

拇指姑娘的床是用半个胡桃壳做成的，上面铺着香香的玫瑰花瓣。

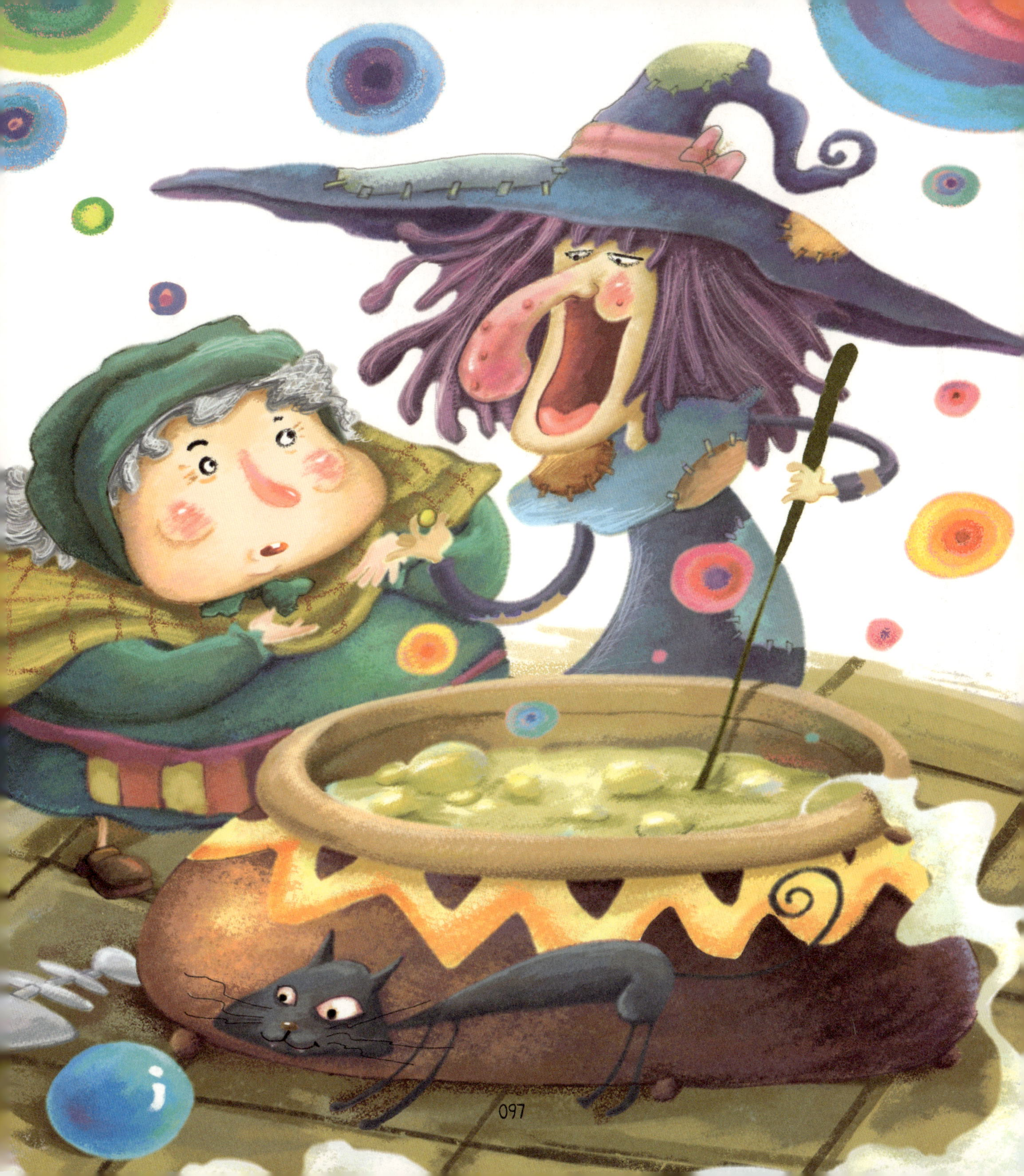

一天晚上，一只癞蛤蟆从窗口跳了进来，"这姑娘当我儿子的新娘正合适。"他呱呱叫着，背走了拇指姑娘，把她放到一片荷叶上。

癞蛤蟆的儿子长得有点吓人，拇指姑娘哭了起来。一群鱼儿听到她的哭声，悄悄咬断了荷叶梗，放她走了。

拇指姑娘坐着荷叶漂到河的下游，一只大金龟子发现了她，把她带到自己住的树梢上。可是他的同伴们不喜欢拇指姑娘，他们说："她长得多难看，连触须都没有，只有两只脚，腰还这么细！"金龟子只好把拇指姑娘留在附近树林里的一朵雏菊上。

拇指姑娘一个人在树林里度过了夏天和秋天，当冬天来临时，她感到了寒冷，她担心大雪会把自

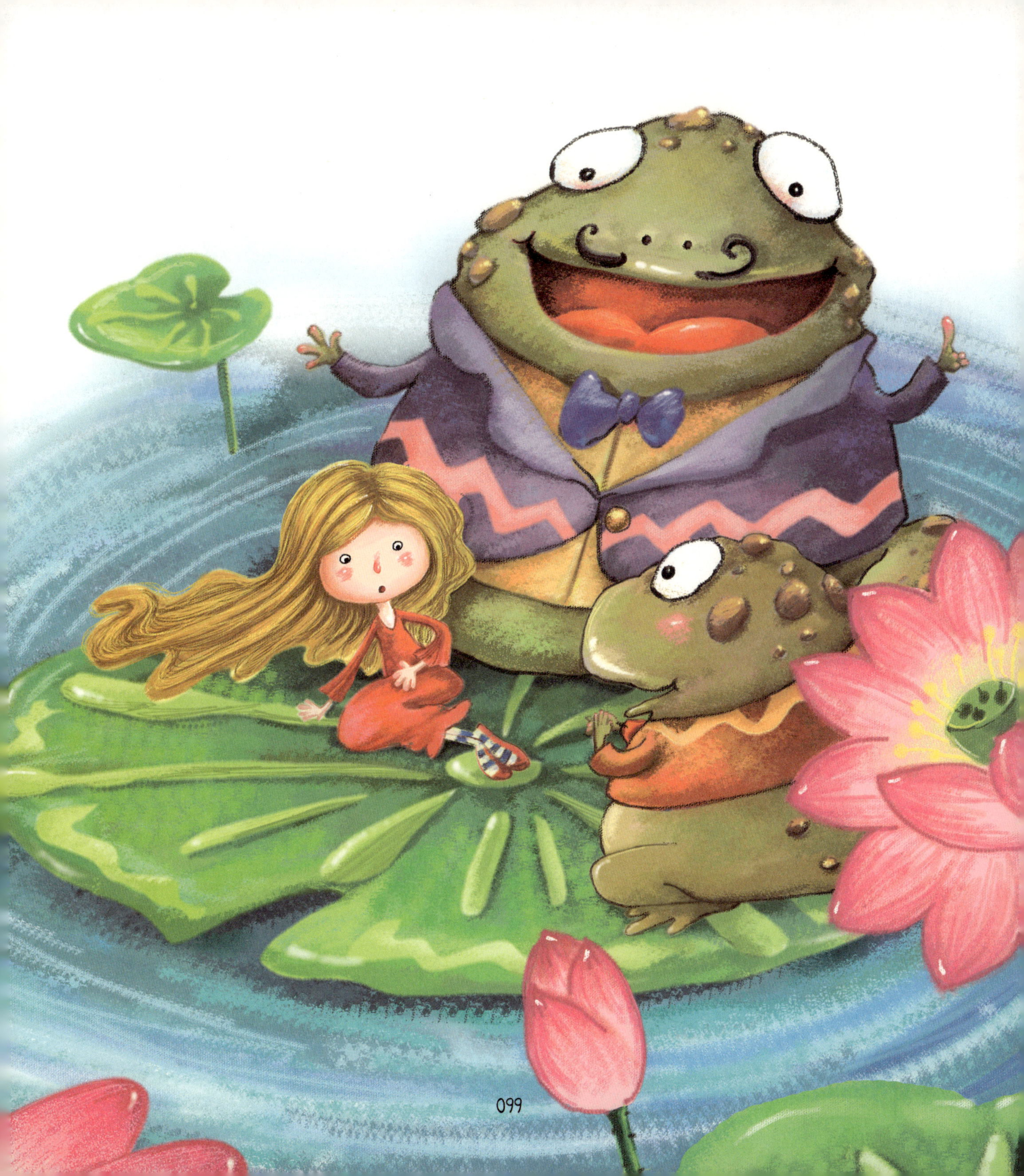

己掩埋，于是决定穿越树林。

当她好不容易来到一片麦田时，她又饿又累，晕倒在一个洞穴前。好心的田鼠太太收留了她。

一天，邻居鼹鼠先生来做客，田鼠太太告诉拇指姑娘："他是一位有钱的绅士！"可是拇指姑娘不喜欢鼹鼠先生，虽然他总是想讨自己喜欢。

傍晚，拇指姑娘在黑黑的地道里发现了一只一动不动的燕子，她把头靠在燕子的胸膛上，发现他还活着。

在拇指姑娘的精心照料下，燕子渐渐地康复了。燕子非常感激拇指姑娘，他告诉拇指姑娘，他的一只翅膀受伤了，所以不能和同伴一起到温暖的南方过冬。

当春天来临，燕子要飞走了。"跟我走吧，拇指姑娘！"他说。

拇指姑娘有些舍不得好心的田鼠太太，于是燕

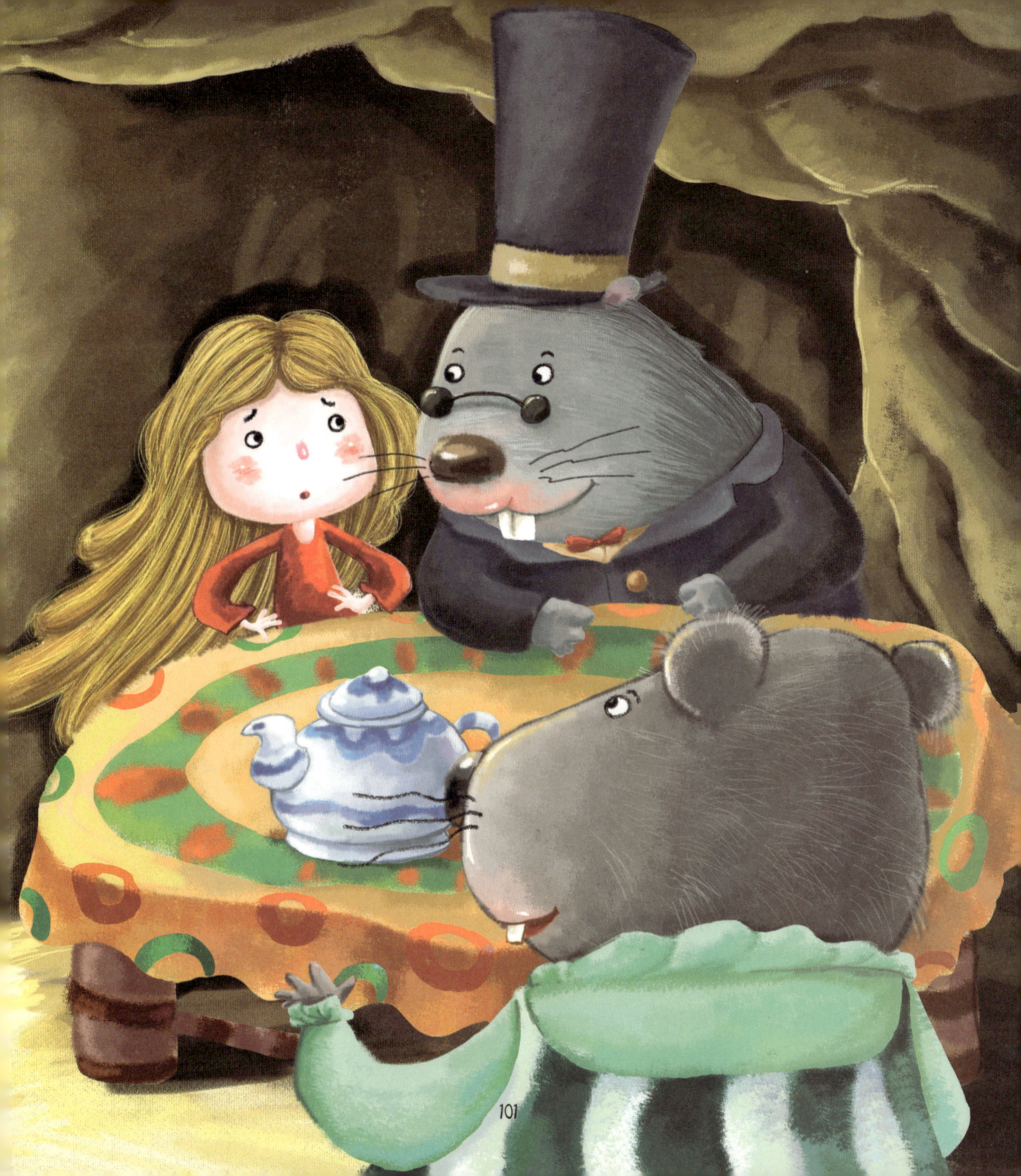

子飞走了。就在这一天，鼹鼠先生向她求婚了。

婚礼准备在秋天进行，可是拇指姑娘一想到以后要永远住在鼹鼠先生那阴暗的家里时，就会很难过。她走进麦田，想最后享受一下明媚的阳光。

她叹息说："燕子，我多么想见到你啊！"

没想到，燕子就在这时飞来了，他说："走吧，拇指姑娘，我带你到温暖的南方去！"拇指姑娘坐在燕子的背上，高兴地走了。

他们来到了一个温暖的国度，碧蓝色的湖旁有一丛绿树，那里有一幢白得发亮、用大理石砌成的古代宫殿，周围还开着许多美丽的花朵。

燕子带着拇指姑娘飞下来，把她放在一片花瓣上。令拇指姑娘惊讶的是，在那朵花的中央，有一位小小

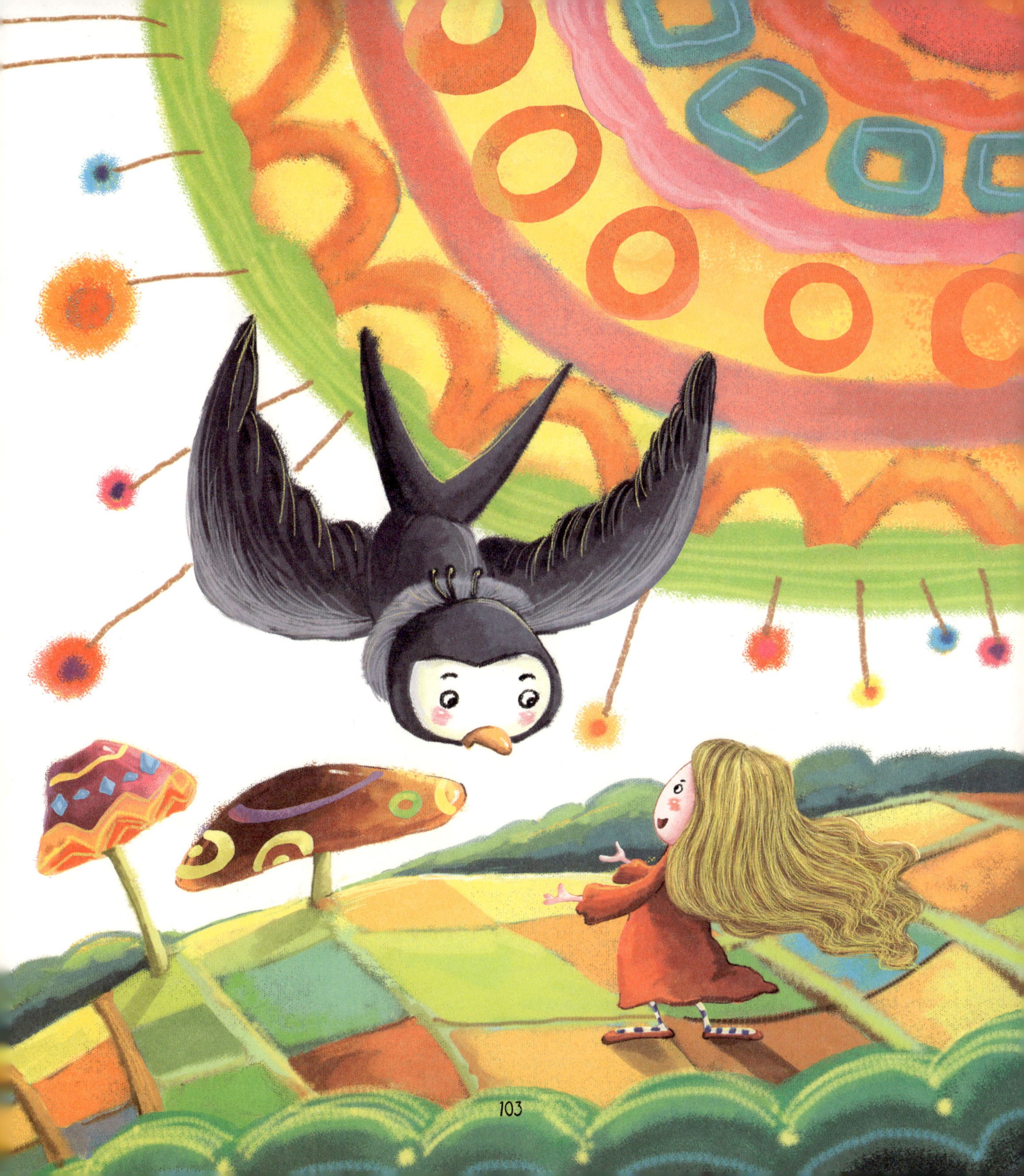

的王子，他头上戴着一顶华丽的王冠，肩上生着一双发亮的翅膀。原来，这里的每一朵花里，都住着一位小小的男孩或是女孩。

拇指姑娘是这位王子见过的最美丽的姑娘，他从头上取下金王冠，把它戴到拇指姑娘的头上。他问了她的名字，又问她愿不愿意做自己的新娘，这样她就可以做花的王妃了。

拇指姑娘也非常喜欢这位王子，她羞涩地点了点头，同意了。这时，花里的小人儿都走了出来，他们是那么可爱，他们每人送了拇指姑娘一件礼物，其中最好的礼物就是一对翅膀。这样，拇指姑娘就可以在花朵间飞来飞去了。

105

燕子在自己的巢里，为他们唱着祝福的歌，他也喜欢拇指姑娘，希望永远不和她分开。可他还是飞走了，从这温暖的国度离开，飞回到很远的丹麦去了。

给4岁孩子的故事

野天鹅

从前，有一位国王，他有十一个儿子和一个女儿，女儿名叫艾丽莎，他们生活得很幸福。不幸的是，王后生了一场急病，离开了他们。很快，国王又娶了一位新王后，但这位新王后是一个坏心眼儿的人。

她不喜欢艾丽莎和王子们，不仅把艾丽莎送到了乡下，还在国王面前说王子们的坏话。国王信以为真，竟也很少理他的儿子们了。

最后，坏心眼儿的新王后用魔法把王子们变成十一只野天鹅，从王宫里赶出去了。

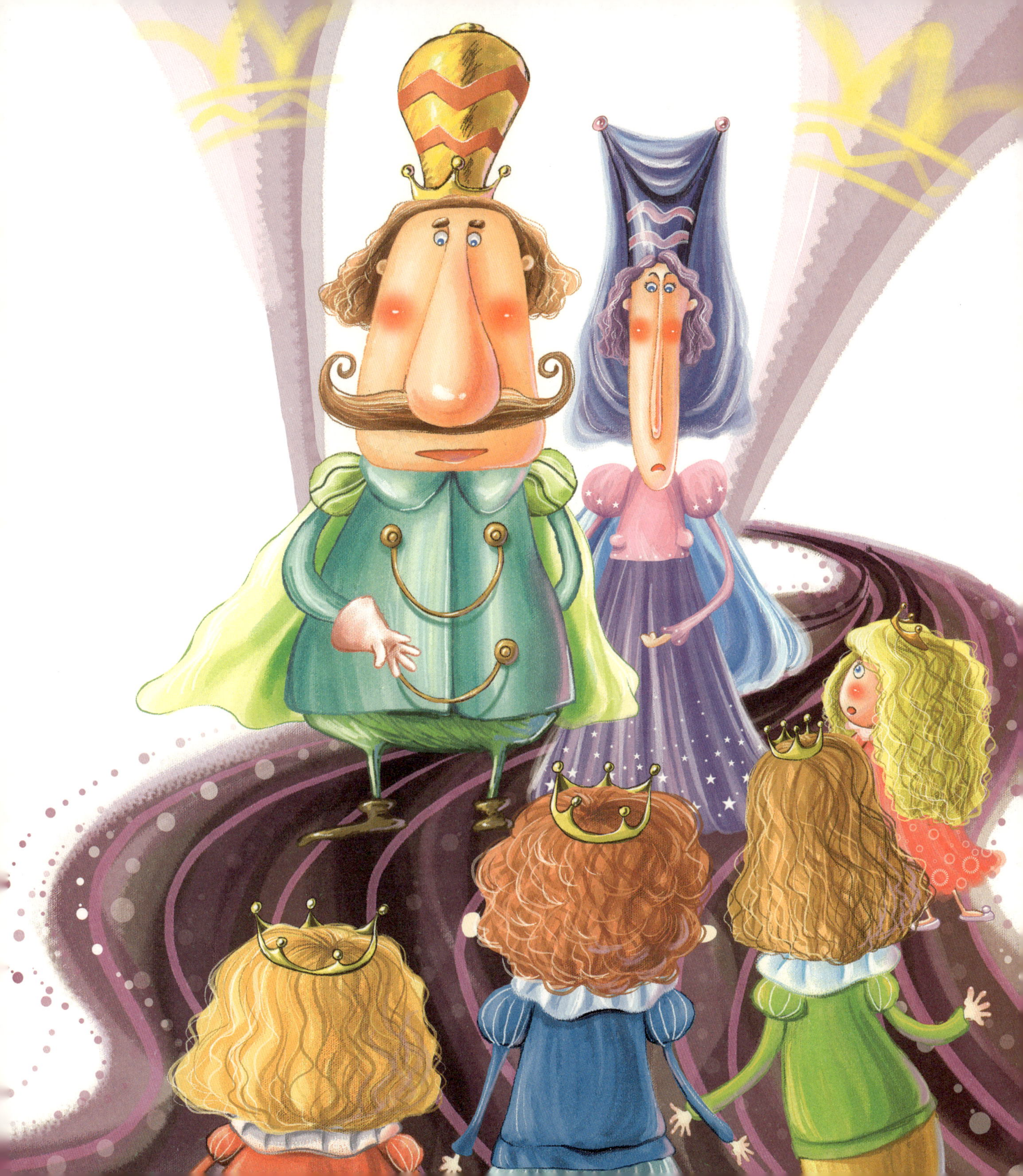

艾丽莎还不知道哥哥们的事，因为她必须等到十五岁才能回到王宫，这也是新王后的坏主意。

几年后，艾丽莎终于回王宫了，王后一见到她就特别生气，因为艾丽莎长得太美了，这让王后很妒忌。王后真想马上把艾丽莎也变成野天鹅，可这时国王要见艾丽莎，于是王后用核桃汁把艾丽莎雪白的皮肤染成棕黑色，还把一种臭臭的油涂在她的脸上。

国王见到艾丽莎后，摇摇头说："这个臭烘烘的人不是我女儿。"可怜的艾丽莎就这样被赶出了王宫。

艾丽莎流浪到一个很大的湖边，她用湖水把自己洗得干干净净，她又是全世界最美丽的公主了，她好想念自己的哥哥们啊！

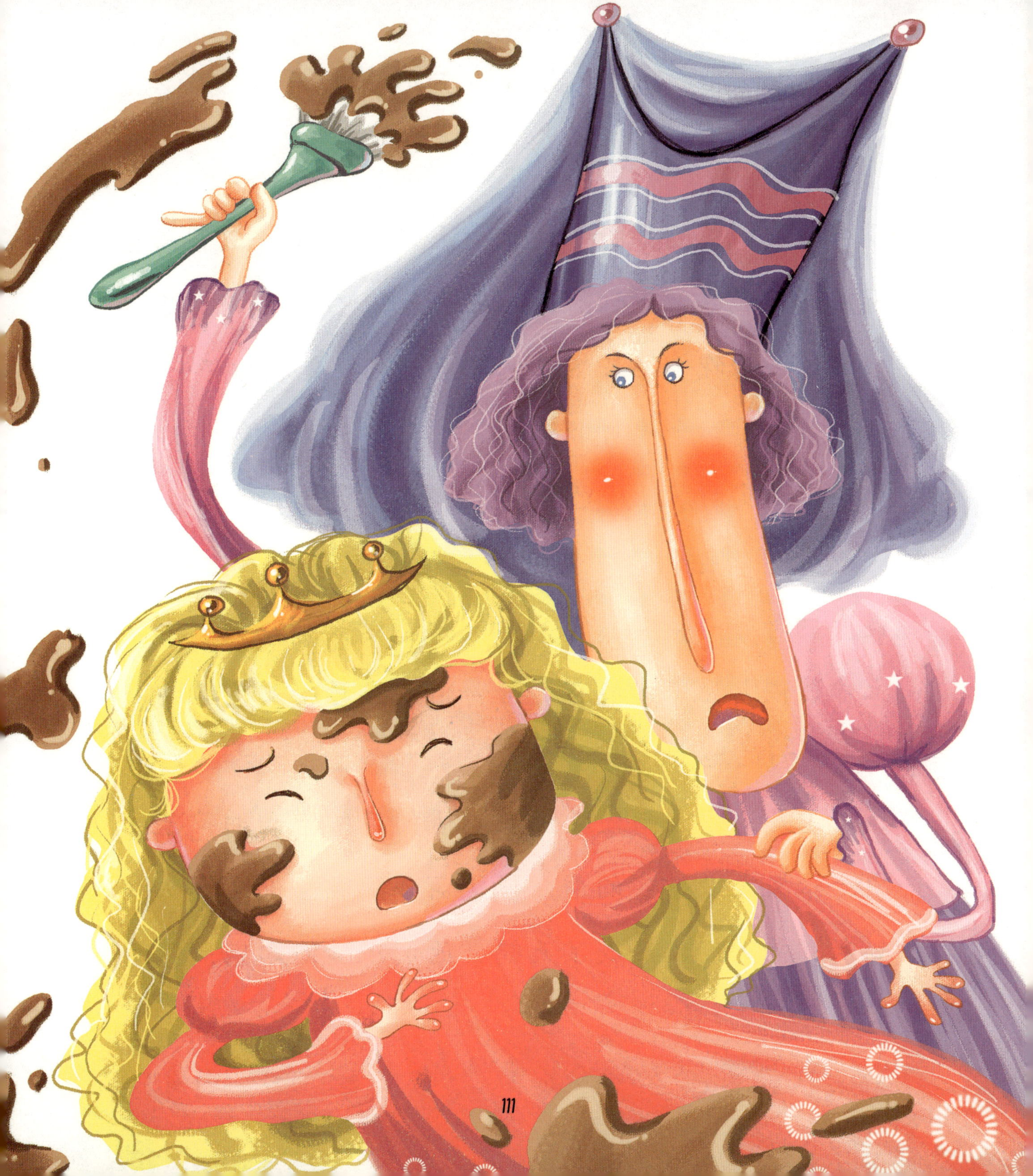

一天，艾丽莎听一位老太太说："有十一只戴着金冠的野天鹅，常飞到附近的河边来。"艾丽莎来到了那条河边，傍晚，她果然看见了十一只戴金冠的野天鹅。太阳落山后，十一只野天鹅变成了十一位英俊的王子，他们正是艾丽莎日夜思念的哥哥们。

哥哥们也认出了艾丽莎，他们既高兴，又悲伤。最大的哥哥告诉艾丽莎，白天他们是天鹅，只有到晚上才能恢复原来的样子。哥哥们决定要带艾丽莎去一个更美好的地方。

于是，趁太阳还没出来，他们用柳条和细芦苇织成一张又大又结实的网，让艾丽莎躺在里面。太阳升起来，哥哥们又变成了天鹅，他们用嘴衔起网，飞向天空。

艾丽莎睡着了,梦中一位仙女告诉她,只要用有刺的荨麻织出十一件长袖的披甲,让哥哥们穿上,他们就能恢复原来的样子。

仙女还警告艾丽莎，在织披甲期间，她不能说话。否则她说的每一个字都会变成锋利的剑，刺进哥哥们的心里。

仙女随手拿出荨麻，让艾丽莎摸一摸，她立刻被扎得大叫起来。

艾丽莎从梦中惊醒，发现自己手边真的有一根荨麻。她决定相信仙女，开始摘荨麻，她柔嫩的双手被荨麻刺扎破，血肉模糊，但她坚强地忍住了。

她没日没夜地织着披甲，任凭哥哥们怎么询问也不回答。

一天，一位年轻的国王在附近打猎，他发现了艾丽莎，他从来没有见过这么美丽的姑娘。于是，国王把艾丽莎带到他的王宫。

不久，国王和艾丽莎结婚了，她成了王后。艾丽

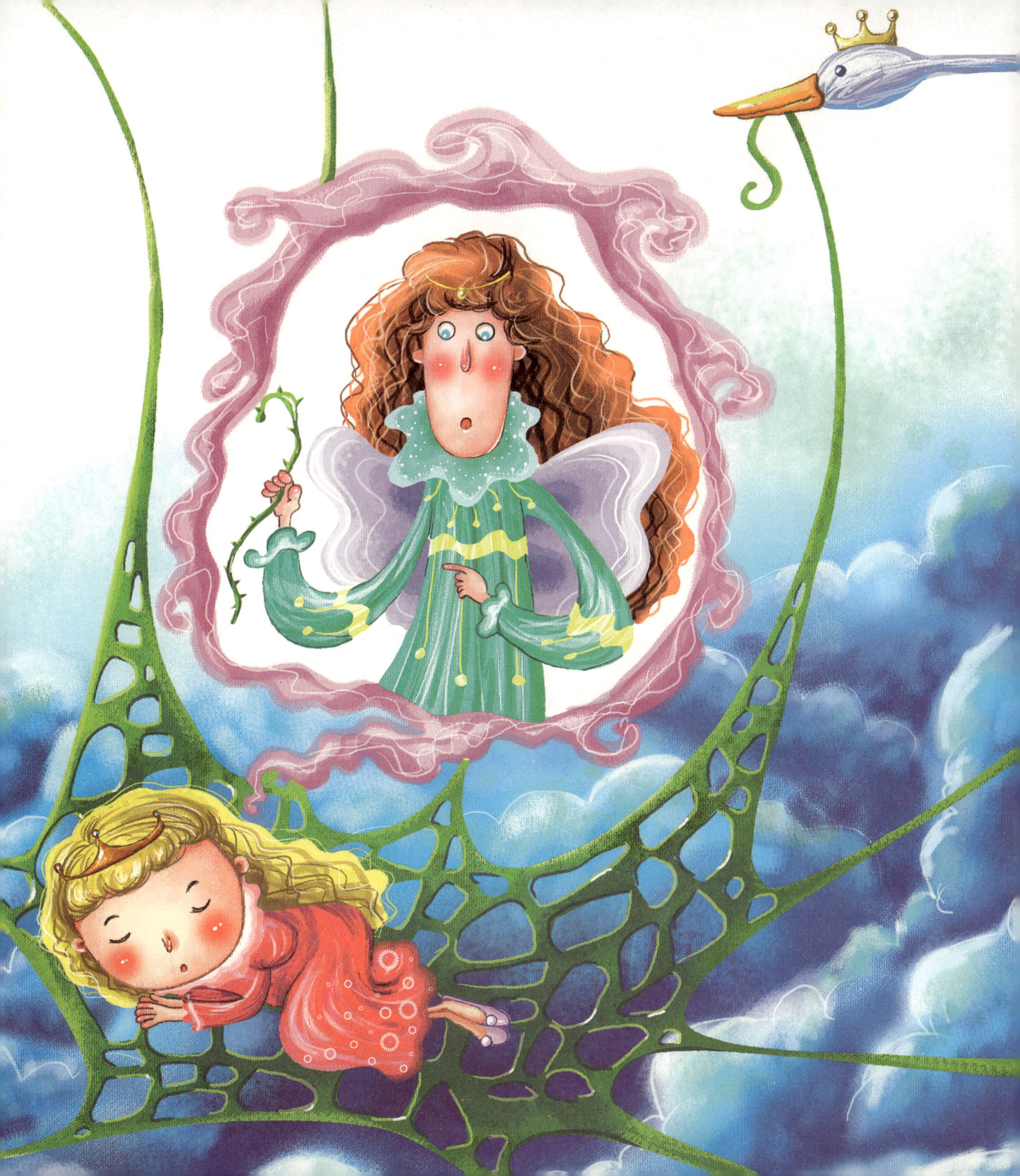

莎依旧织着荨麻披甲，她织到第七件时，荨麻用完了。

于是，在一个深夜里，艾丽莎悄悄地走出王宫，到墓地去摘荨麻。大主教悄悄地跟在后边，他看到艾丽莎好像不知道疼痛一样，紧张地摘着荨麻。大主教想："王后是一个女巫啊！"他立刻报告了国王，国王不相信。然而第二天晚上，国王发现艾丽莎真的独自到墓地去摘荨麻，他相信了大主教的话。

艾丽莎被关进牢房里，卫兵把她采摘到的荨麻也扔了进来，艾丽莎虽然非常难过，但她还是坚强地织起披甲来，没有什么比救哥哥更重要了！

这一天太阳快要落山的时候，哥哥们终于找到了失踪的妹妹，但是艾丽莎还是一言不发。

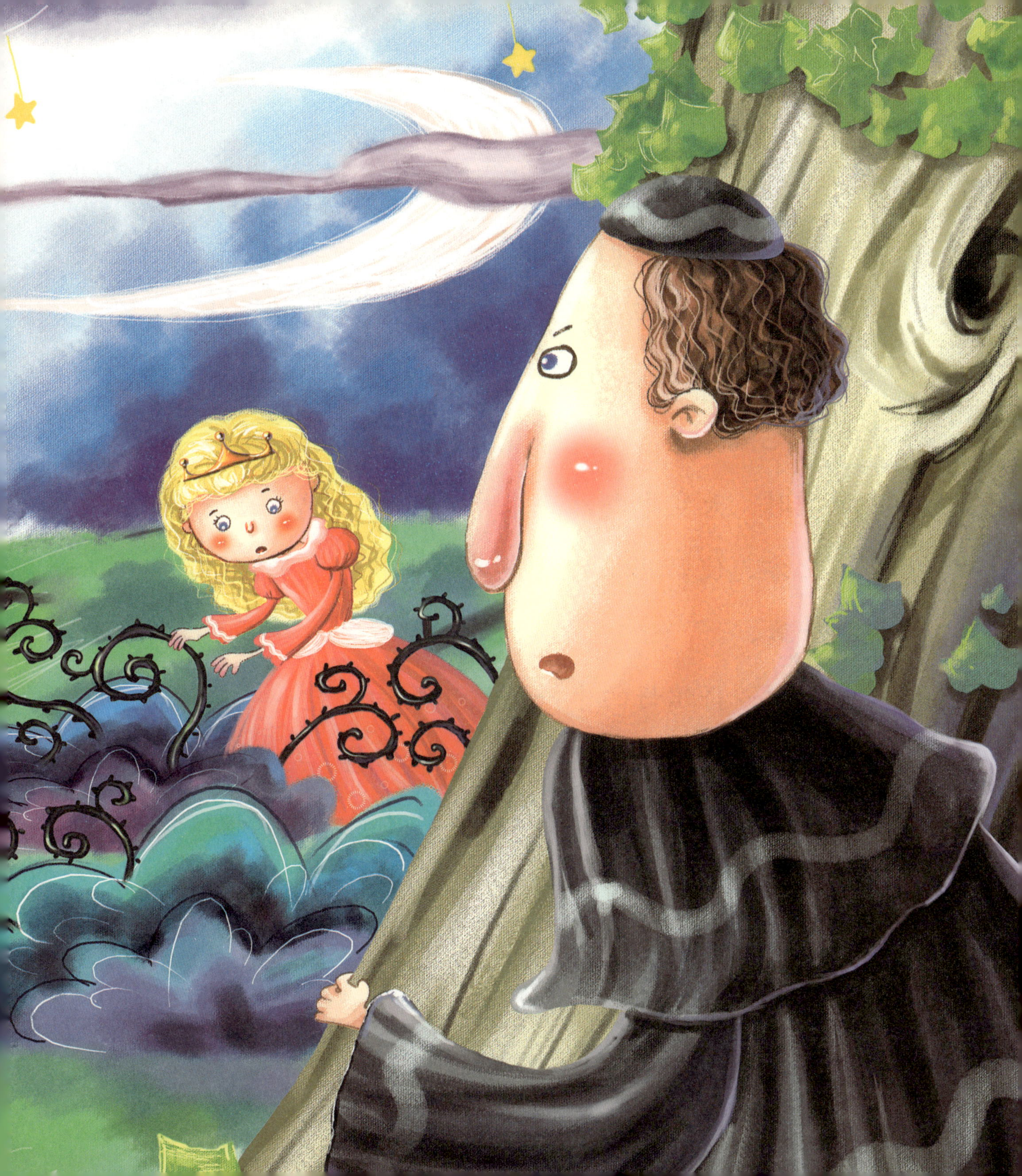

天亮了，士兵们把艾丽莎押上一辆马车，艾丽莎的脸色惨白，但手里还在不停地织着披甲。大主教对人们说："大家快来，把这个女巫手中的东西撕成碎片吧！"

这时，天空中忽然飞来十一只野天鹅，盘旋在马车上方，使劲儿拍打着宽大的翅膀，人们都吓得躲到一边。

艾丽莎将织好的十一件披甲扔向天空，十一只天鹅穿上后立刻变成了十一位英俊的王子。不过最小的王子还有一双翅膀，因为艾丽莎的荨麻不够了，少织了两只袖子。

这时，艾丽莎突然说话了，她把所有的事讲给大家听，在场的人都感动得流下了眼泪。

119

国王为自己的行为向艾丽莎道歉，请艾丽莎和她的哥哥们跟他一起回王宫。

从此，艾丽莎和她的王子哥哥们就在这个国家里幸福地生活着。

给4岁孩子的故事

海的女儿

在神秘的大海最深处，有一座华丽的宫殿，那就是海国王的王宫。海国王有六个女儿，王后去世很早，因此一家人的生活都由精明能干的老祖母来操持，他们生活得其乐融融。

海国王的六个女儿中，小女儿最美丽，也最活泼。六姐妹都没有腿，只有一条鱼尾巴。

有一次，六姐妹到海底公园去玩，在公园里，小公主看见一位年轻王子的石像，她被王子的英俊潇洒深深地吸引了。

小公主经常缠着奶奶讲海上的故事，听奶奶说，海上的世界阳光明媚，万紫千红，鸟语花香，迷人极了！小公主很想到海面上去。奶奶说："等你满了15岁，就可以去了。"

终于到了小公主 15 岁这天，她浮上海面，看到了一艘大船，船舱里灯火辉煌，一位王子在和大家一起跳舞。她越看越羡慕，舍不得离去。没想到，半夜里，海上突然起了大风，海浪把船

掀翻，王子落到了海里。

小公主知道，人在水里是会淹死的。她赶紧托着王子游到沙滩上，看着王子，她觉得他就是公园里的那尊雕塑。天快亮了，小公主要回海里去了，她依依不舍地吻了一下还没有醒来的王子。

回到王宫后，小公主日夜思念王子，她真希望自己变成人，能够生活在人间。于是她去找海巫婆帮忙，海巫婆说:"我可以帮你,不过这会用掉你300年的生命,而且,鱼尾变成腿很痛苦,走路像走在刀尖上,你能受得了吗?"

小公主说:"我可以!"

海巫婆还告诉小公主:"你一旦变成了人,就永远不能回到海底了。如果王子不爱你,不和你结婚,你将变成泡沫。"

最后,海巫婆要求小公主把声音送给她,算是报答。小公主答应了，没有了声音，她变成了哑巴。

第二天，小公主在王子的宫殿前吃下了巫婆给的药，她觉得像被刀子刺进身体一样疼，她晕倒了，但她的尾巴真的变成了两条腿。

她醒来时，看见王子就站在身边。王子问她是谁，她想说话，却不能发声，只能默默地望着王子。王子扶着她站起来，她像站在刀尖上一样痛，但是她忍住了。

宫殿里在举行舞会，她想唱歌，但唱不出来。王子跟她跳舞，她的舞跳得比谁都好。王子很喜欢小公主，也觉得眼前这位姑娘很像那天救自己的人，但他不能肯定。

小公主一心希望能和王子结婚，可国王并不知道她的心意，国王为王子选定了一位邻国的公主。

王子和小公主一同到邻国，那位公主长得美丽迷

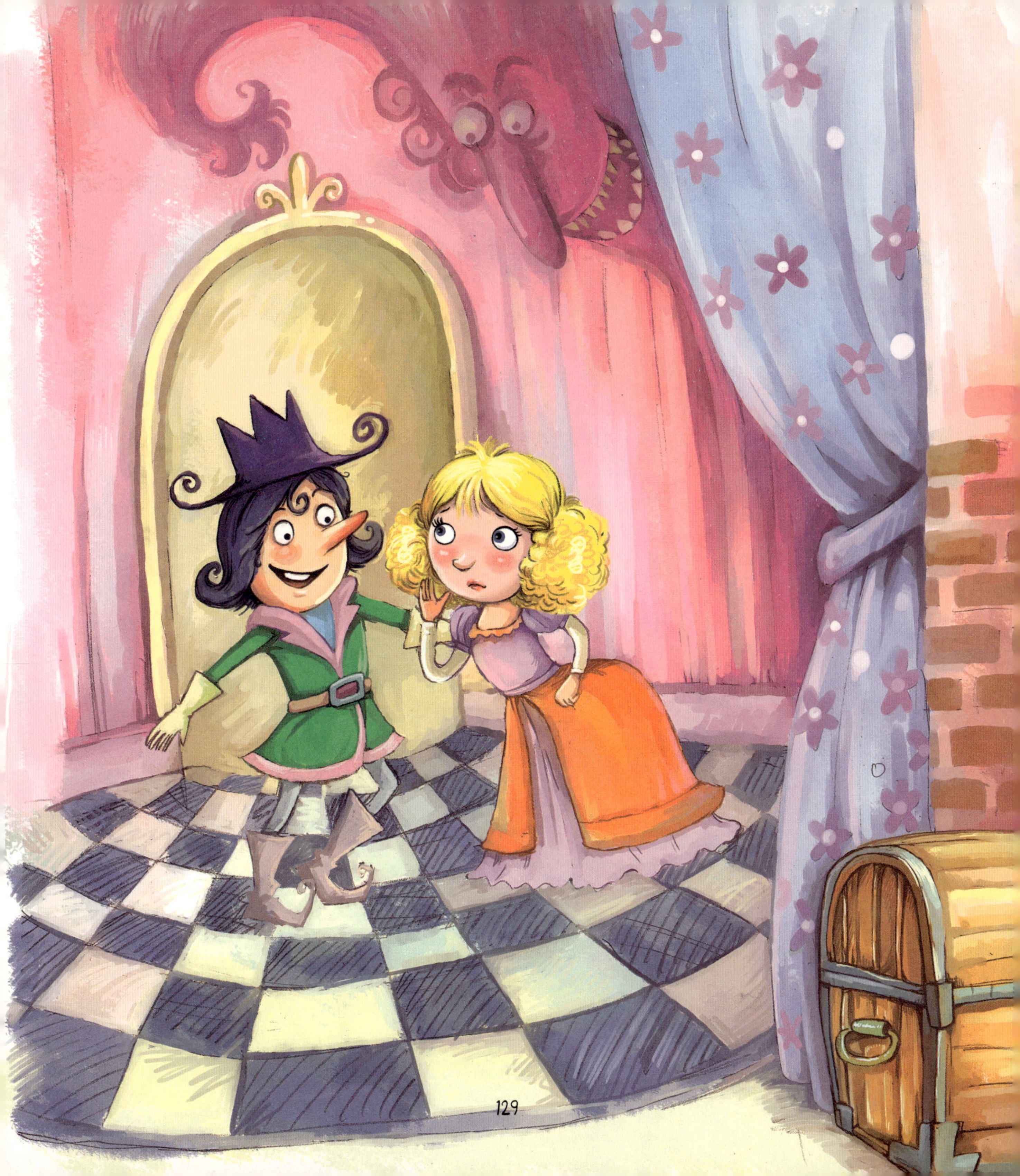

人，王子见到后就爱上了她，他们很快就结婚了。

婚礼之后，王子带着新娘和小公主乘船回国。晚上，大家在船上跳起舞来，小公主知道，没有得到王子的爱情，这将是她生命的最后一晚。当明天太阳的第一道光芒照射进来时，她就要变成泡沫了，可是她不后悔！

夜深了，小公主的姐姐们忽然出现在海面上，姐姐们说："我们把自己的头发给了海巫婆，她给了我们这把刀，说只要你能让王子的鲜血流在你的腿上，你就能恢复鱼尾巴，回到大海。"

小公主怎么忍心伤害自己心爱的人呢？她把刀子狠狠地丢进了大海，接着纵身向海里一跳，她的身躯已经开始融化成泡沫。

此刻,大海上升起了一轮红日。太阳光暖融融地照在泡沫上,小公主并没有感到自己的死亡。她就这样安静又孤单地离开了。

给4岁孩子的故事

卖火柴的小女孩

天，冷得可怕，大雪纷飞，这是圣诞之夜。

在寒冷和黑暗中，一个小女孩正在大街上走着，她穿着妈妈的旧拖鞋，匆忙穿过大街。这时，一辆马车飞快地冲过来，她吓得把拖鞋也跑掉了。有一只怎么也找不到，另一只被一个男孩子抢跑了。

没有了拖鞋，小女孩只能赤脚走在雪地上，她的脚被冻得又红又肿。她的旧围裙里兜着许多火柴，手里还拿着一把。这一整天，她一根火柴也没卖出去，一个铜板也没有收到。

洁白的雪花落在她金黄的长头发上，看起来非常美丽。她又冷又饿，哆哆嗦嗦地向前走着。

街旁所有的窗子都射出明亮的光，空中飘着一股烤火鸡的香味，圣诞节是人们合家团聚的时候，更是孩子们盼望已久的节日。

她在一个墙角坐下来，把一双小脚缩进围裙里。她不敢回家，因为她没有卖掉一根火柴，没有赚到一个铜板，她怕父亲生气。而且，她家的房子很破，风可以从漏洞的屋顶吹进来，再把雪吹进屋里。

她的一双小手几乎冻僵了，哪怕一根火

柴，对她也是有好处的。

小姑娘终于抽出一根火柴，擦了一下，哧！火柴燃起来了，冒出火光。

当她把手覆在上面的时候，明亮的火光就像一根小小的蜡烛。小姑娘觉得自己像坐在一个黄铜炉旁边一样，那么温暖，那么美好。火烧得多旺啊！小姑娘刚想伸出脚暖和一下，火焰忽然熄灭了，火炉不见了，她坐在那儿，手中只有烧过的火柴梗。

小姑娘又擦燃了一根，火柴发出明亮的火光，墙上那块被火光照着的地方，变得像薄纱一样透明，她可以看见房间里的东西。桌上铺着雪白的台布，上面放着精致的碗盘，还有装满梅子和苹果的冒着香气的火鸡。

突然，这只火鸡从盘子里跳出来，一直向她走来。

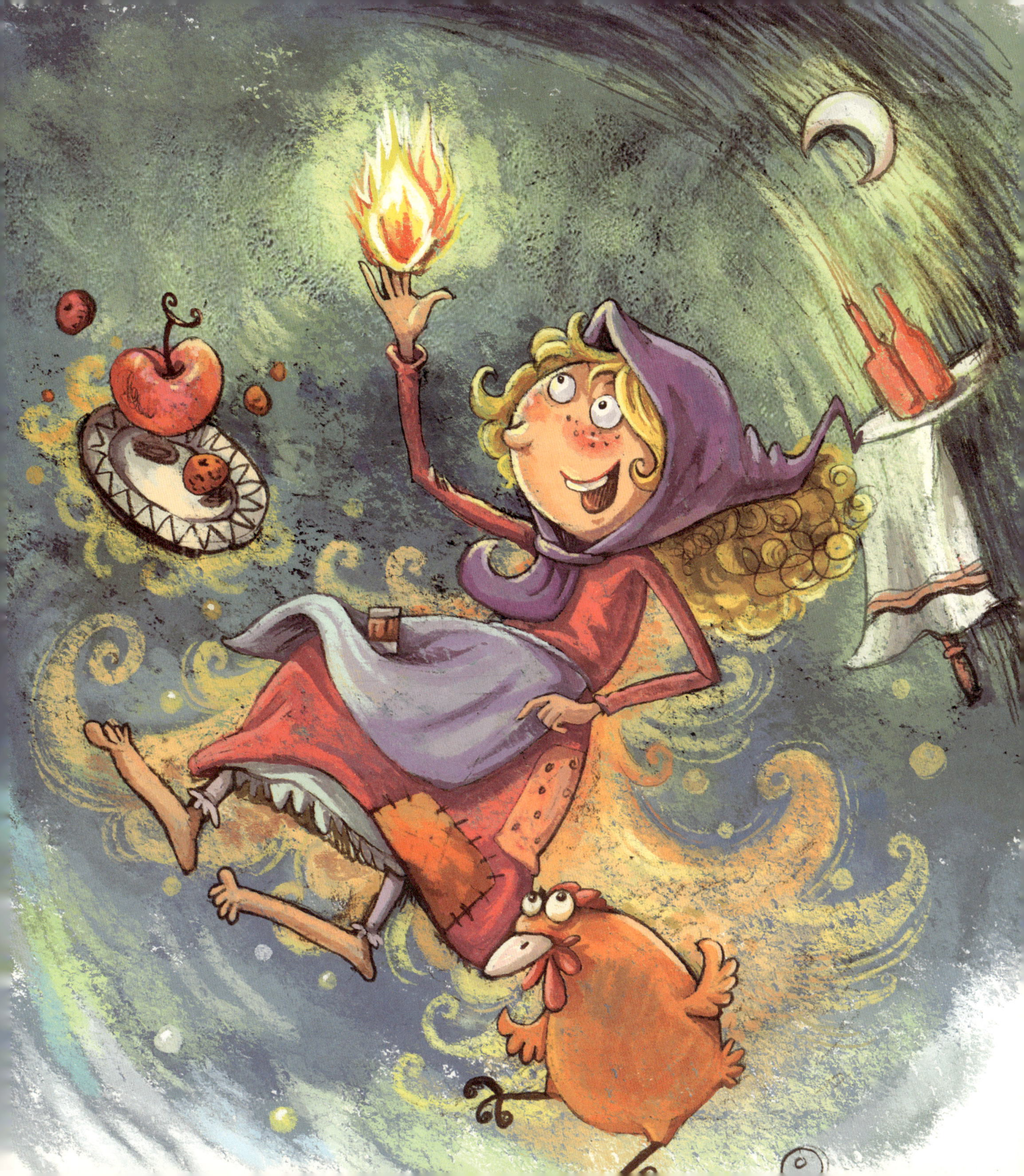

但是这一根火柴又熄灭了，她的手碰到又厚又冷的墙壁。

小女孩点燃了第三根火柴，火光闪亮，现在她坐在美丽的圣诞树下，这株圣诞树又高又大。它的绿枝上燃着几千支蜡烛，正向她眨眼，像商店橱窗里陈列的画一样。

小姑娘想把两只手伸进去，可是，火柴又熄灭了。圣诞树的烛光越升越高，她看到它们变成了明亮的星星，这些星星有一颗落下来了，在天空划出一道长长的红光。"现在又有一个人死去了。"小姑娘说。她的老祖母活着时曾说："天上每落下一颗星星，地上就有一个灵魂升到上帝那儿去了！"

　　小女孩又擦亮了一根火柴，亮光中，老祖母出现了。"奶奶！"小姑娘叫起来，"请把我带走吧！我知道，这根火柴一灭掉，你就会像那美丽的圣诞树一样不见了！"

小女孩急忙将一整束火柴都擦亮了，因为她非常想把祖母留住。这些火柴发出强烈的光芒，照得比白天还要明亮，祖母显得特别高大

美丽，她把小姑娘抱起来，紧紧地搂在怀里。她们两个人在光明中飞走了，越飞越高，飞到那没有寒冷、没有饥饿，也没有忧愁的地方去了。

新年的太阳升起来了，照在小姑娘小小的身体上，她倒在那儿，脸上带着微笑，手里仍捏着一束差不多烧光的火柴。她已经死了，在平安夜冻死了。

"她想给自己暖一暖身子,真可怜!"人们围在小女孩的身旁叹息着,几个女人流出了怜悯的热泪。谁也不知道,她曾经看到过多么美丽的图景,她曾多么快乐地跟着祖母,一起走到新年的幸福中去了。

给4岁孩子的故事

穿长靴的猫

从前，有个穷苦的磨粉匠，他所有的财产就是一间磨坊、一头驴子和一只猫。他临死的时候，把这些产业留给了他的三个儿子：大儿子要了磨坊，二儿子牵走了驴子，可怜的小儿子只得到那只猫。

小儿子伤心地对猫说："我拿什么来养活你呀？"猫听了说："我的主人，你不要忧愁，你只要为我准备一只布袋和一双长靴，然后让我到林子里去，你就会交到好运的。"

小儿子虽然不太相信猫的话，但他还是为猫准备好了这两样东西。猫穿上靴子，背起布袋，到树林里去了。

147

猫用布袋捉到了一只兔子，把它带到王宫。猫向国王深深地鞠了个躬，说："陛下，这只野兔，是奉了我家主人卡拉拔公爵的命令来献给您的。"国王很高兴，说："你回去说我感谢他。"

过了一天，猫捉到一对鹧鸪，又把鹧鸪献给了国王。就这样，猫不断用卡拉拔公爵的名义献给国王许多猎物，国王非常开心。

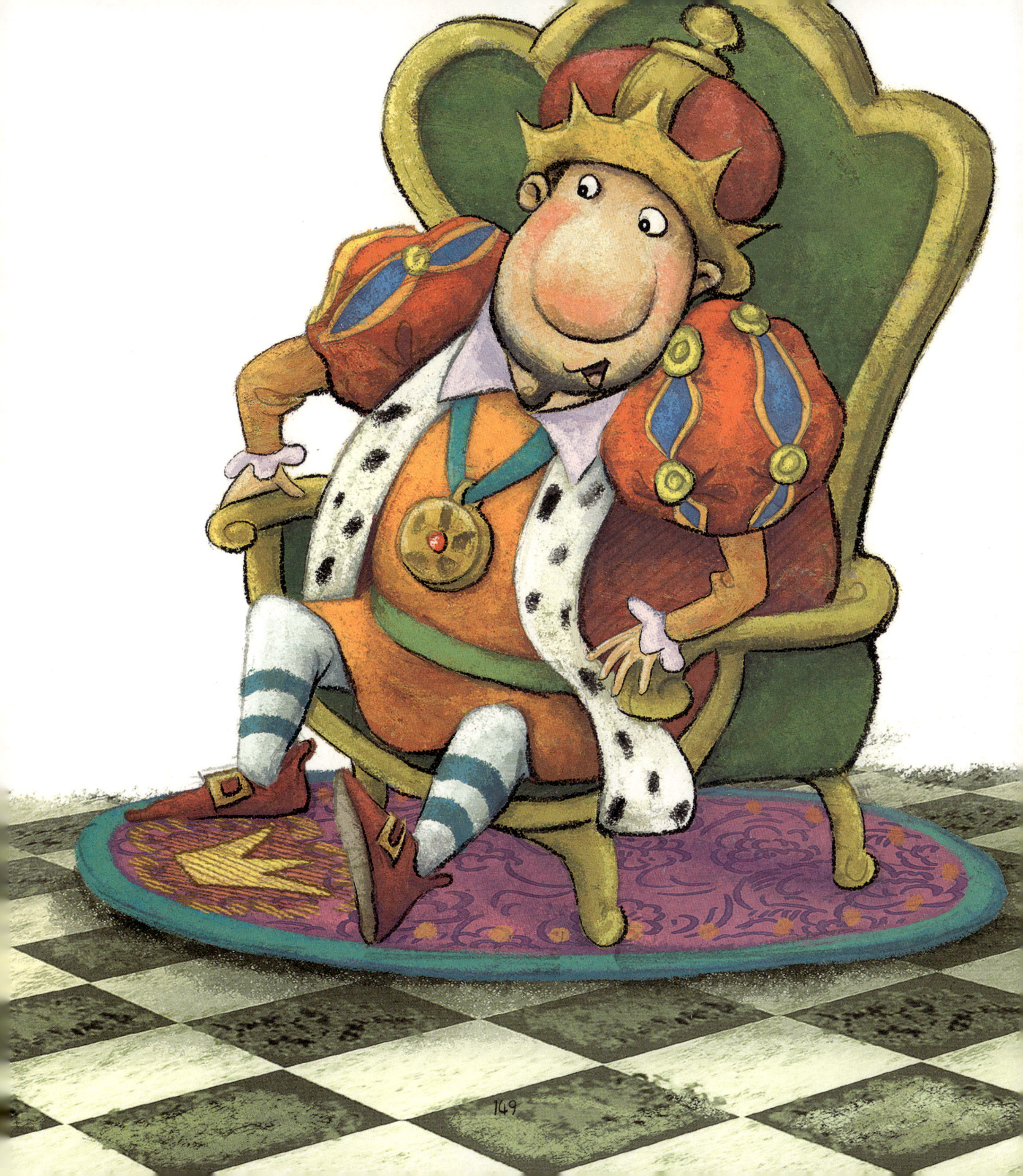

一天，猫得知国王和美丽的公主要到河边郊游，听说那是世界上最美丽的公主。猫就对主人说："假如你肯听我的话，到河里去洗澡，那么你的好运就要来了。"

小儿子听了猫的话，照着去做了。他脱了衣服在河里洗澡，不一会儿，当国王的马车经过时，猫拼命大叫："救命！救命！卡拉拔公爵要被淹死了！"国王听见了呼救声，从车里探出头来，他认出了那只常送东西来的猫，就命令卫兵立刻去救卡拉拔公爵。

当他们把可怜的卡拉拔公爵从河里救起时，猫走到国王面前说："卡拉拔公爵本来在河里洗澡，但他的衣服被强盗抢走了。"国王立刻吩咐侍从取了几套最华贵的衣服来。那个被称作卡拉拔公爵的小儿子本来就生得俊美,穿上华丽的衣服后,显得更加英俊有气派。公主一见,就喜欢上了他,还请他坐进马车,一同游览。

猫在马车前头跑，看见一群农夫在割草，就对他们说："你们这些割草的好百姓，我是来救你们的，我听说如果你们不对国王说你们收割的草地是卡拉拔公爵的，国王就会把你们都抓走！"

国王经过这里时，问那些割草的人所割的草是谁的。"这是卡拉拔公爵的。"农夫们大声回答。

马车经过大片的麦田，国王想知道这么多麦子是属于谁的。"这是卡拉拔公爵的。"割麦子的工人们大声回答道，因为猫早就吩咐过他们了。

那只猫继续在马车前头跑着，遇到什么人都说同样的话，于是国王也就听到了同样的回答。想不到卡拉拔公爵这么富有，国王大为惊叹。

猫很快来到一座精美的城堡前。城堡的主人是个妖精，

153

他很富有，周围的一切都是他的。猫很友好地对妖精说："卡拉拔公爵命令我向您问好。"妖精很高兴，尽了妖精所能做到的文雅礼节接见他，请他坐下。

"听说您的本领很大，"猫问，"甚至能变成狮子什么的，是真的吗？"

"当然是真的！"妖精很得意，为了显显本领，立刻变成了一头狮子。

猫看见狮子在他面前出现，吓得一下子跳上了房檐。"吓死我了！"猫大叫起来，"您能变个小点儿的动物让我平复下心情吗？比如老鼠什么的？"

妖精不等他说完，立刻变成了一只老鼠，在地板上奔跑起来。猫纵身一跳，跳下房檐，扑上去一口把老鼠吃掉了。

当国王的马车来到城堡前时，猫站在吊桥上彬彬有礼地说："欢迎陛下光临卡拉拔公爵的城堡。""怎么，我的公爵，"国王惊呼起来，"这城堡也是你的吗？我从没看见过这么美丽的建筑。"

国王见公爵的品格好，又如此富有，就决定把公主嫁给他。磨粉匠的小儿子向国王深深地行了几个礼，领受了国王赐给他的恩典，当天就和公主结了婚。从此，那只猫也被封为大勋爵。他不再捉老鼠了，除非为了消遣，偶尔捉几只玩玩。

给4岁孩子的故事

小拇指

从前，有一对夫妻，他们有六个儿子。一次，六个儿子出去玩，就再也没回家。母亲非常着急、担心，整天盼着儿子们回来。

后来，母亲又生了一个儿子，这个孩子出生时，只有拇指那么大，所以人们都叫他——小拇指。

小拇指又瘦又小，但是非常聪明和机灵。小拇指长大了，知道了哥哥们的事，就决定去找他们。

小拇指说服母亲后，骑着一只大公羊出发了。当太阳快落山时，小拇指望见远处有一点亮光，便决定过去看看。

他来到一座房子前，一个巫婆开了门。小拇指说："我可以在你家住一晚上吗？"巫婆说："可以，已经来了六个男孩了呢。"

小拇指进屋一看，这六个男孩不就是自己的哥哥吗，母亲讲过哥哥们的相貌。

巫婆有七个女儿，都是吸血的小妖精，她们睡在一张大床上，七兄弟睡在另一张床上。

小拇指早就看出巫婆不是好人，担心她会伤害自己和哥哥。于是，他偷偷地把小妖精们头上戴着的金箍和哥哥们戴着的睡帽交换了一下。

半夜，巫婆果然拿着刀跑到七兄弟的床边，刚要举刀，忽然摸到金箍，忙缩回手。她又来到另一张床边，摸到那些破烂的睡帽，举起了大刀……

第二天早上，巫婆发现昨晚伤害的是自己的孩子，而七个男孩已经跑得无影无踪，她气得暴跳如雷，急忙穿上"七里靴"去追赶。

161

穿上七里靴，一步能跨七里路，但巫婆不知道七兄弟是朝哪个方向逃的，只好东南西北乱跑一阵。最后，她实在跑不动了，靠在一块岩石上睡着了。

其实，七兄弟就躲在这块岩石背后的岩洞里。小拇指让哥哥们溜出岩洞，赶快逃回家。他自己则轻手轻脚地来到巫婆身旁，脱下那双七里靴，穿在自己脚上。这双魔靴，能大能小，小拇指穿上它，一口气追上了哥哥们。

小拇指和哥哥们回到家，一家人终于团聚在一起。

给4岁孩子的故事

三只小猪

猪妈妈有三只小猪宝宝,小猪们慢慢长大了,猪妈妈说:"你们出去建一座属于自己的房子吧。"

第一只小猪用稻草盖了一间草房子。狼从他门前路过,敲敲门说:"小猪,让我进去!"

小猪回答说:"我不让你进来。"狼说:"那我把你的房子吹倒。"说着,狼果然吹倒了草房子。

第二只小猪用木头盖了一间木房子。狼从门前路过,说:"小猪,让我进去!"

小猪害怕地说:"我不让你进来。"狼说:"那我就把你的房子吹倒。"说完,狼又吹倒了木房子。

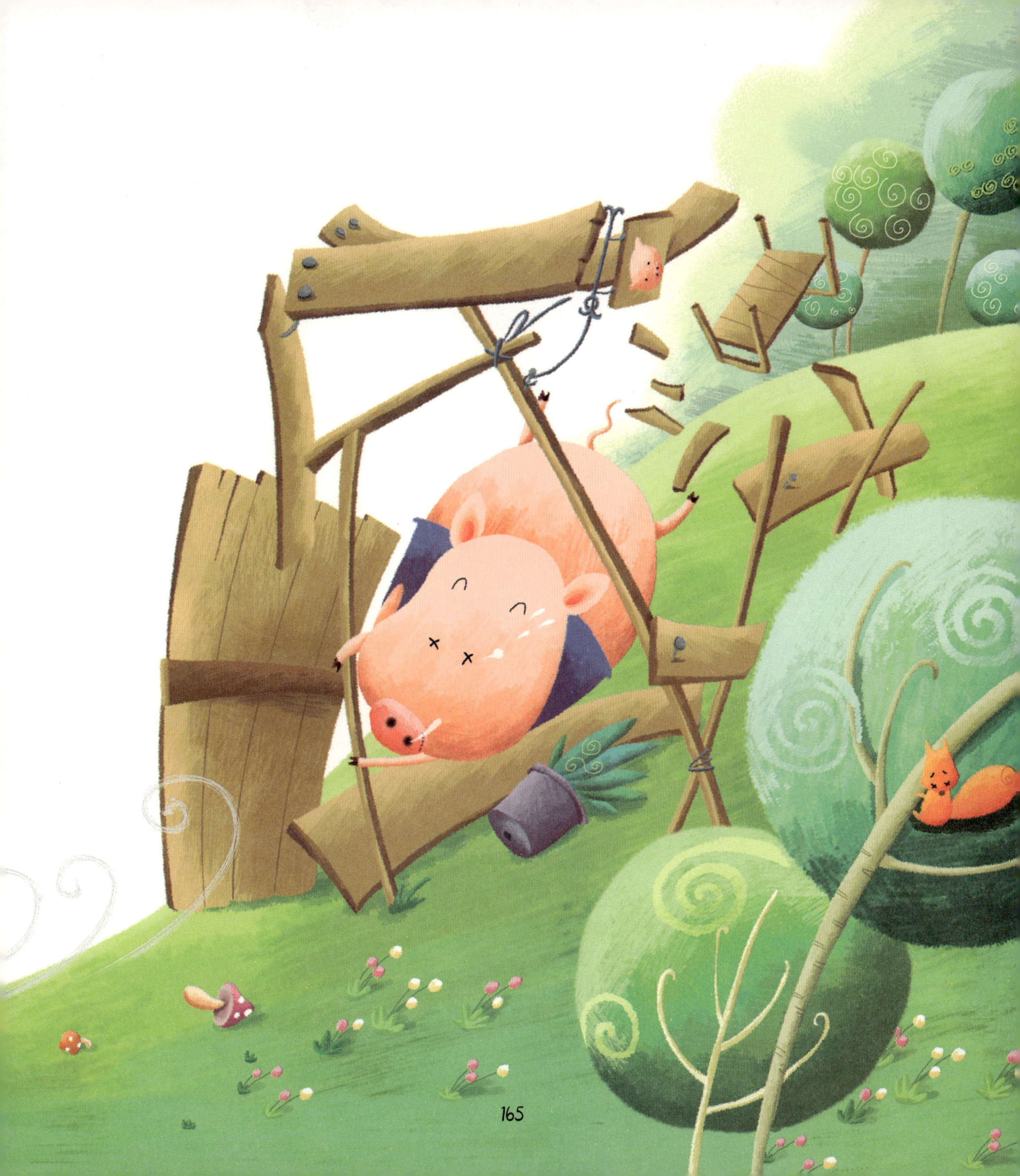

第三只小猪用砖头盖了一座砖房子。狼从门前路过，说："小猪，让我进去！"

小猪说："我不让你进来。"狼说："那我把你的房子撞倒。"可无论他怎么撞，砖房子都没有倒。

狼撞不倒砖房子，就说："小猪，我知道哪里有香甜的草莓。"

"在哪儿？"小猪问。

"就在河边不远处，明天早上我们一起去摘草莓吧？"小猪说："那你6点来吧。"

第二天早上，小猪5点就起床去摘草莓了。6点钟，狼来了，小猪说："我已经摘完草莓回来了。"

狼听了很生气，于是他又说："小猪，我知道哪儿有最好吃的苹果。"

小猪又问："在哪儿？"

"在农夫家的房子旁,"狼回答说,"明天早上5点,我去给你摘几个苹果来。"

第二天早上,小猪4点就起床去摘苹果,又赶在狼来之前回到了家。

狼气坏了,发誓一定要把小猪吃掉,于是,他想从烟囱钻进屋里。

小猪看出了他的阴谋,就在炉灶上架了一口大锅,烧上水。当狼从烟囱里滑下来时,小猪揭开锅盖,狼一头掉进锅里。从此以后,小猪们再也不用害怕大灰狼啦!

给4岁孩子的故事

快乐王子

快乐王子的雕像高高地耸立在城市上空一根高大的石柱上面。王子身上的盔甲是用黄金片做成的，手中的剑上嵌着一颗红宝石。最迷人的是王子的双眼，那是明亮的蓝宝石！

　　有一天，月亮高高地悬挂在夜空，一只准备飞到南方过冬的小燕子停在王子的雕像前，想在这里休息片刻。

　　燕子刚躺好，一颗颗大大的水珠落在他的身上。"下雨了吗？"燕子跳了起来。

　　"对不起，小燕子！"快乐王子的双眼充满了哀愁，"那是我的眼泪！"

　　"快乐王子，你应该是最快乐的啊，为什么要哭呢？"燕子不解地问。

171

快乐王子解释说:"我高高地立在这儿,使我能看见很多百姓的贫苦和磨难,尽管我的心是铅做的,可我还是忍不住哭了。"

"那你看到了什么,让你如此悲伤?"燕子好奇地问道。

快乐王子说:"远处,有一位妈妈,她瘦削的脸上布满了忧愁,因为她的孩子已经病入膏肓,那病重的孩子想吃橘子,但是妈妈却买不起。"

燕子低下了头,说:"这位妈妈真的非常可怜啊!"

"亲爱的燕子,你愿意把我剑柄上的红宝石取下来给她送去吗?我的双脚被固定在基座上,不能动弹。"快乐王子说。

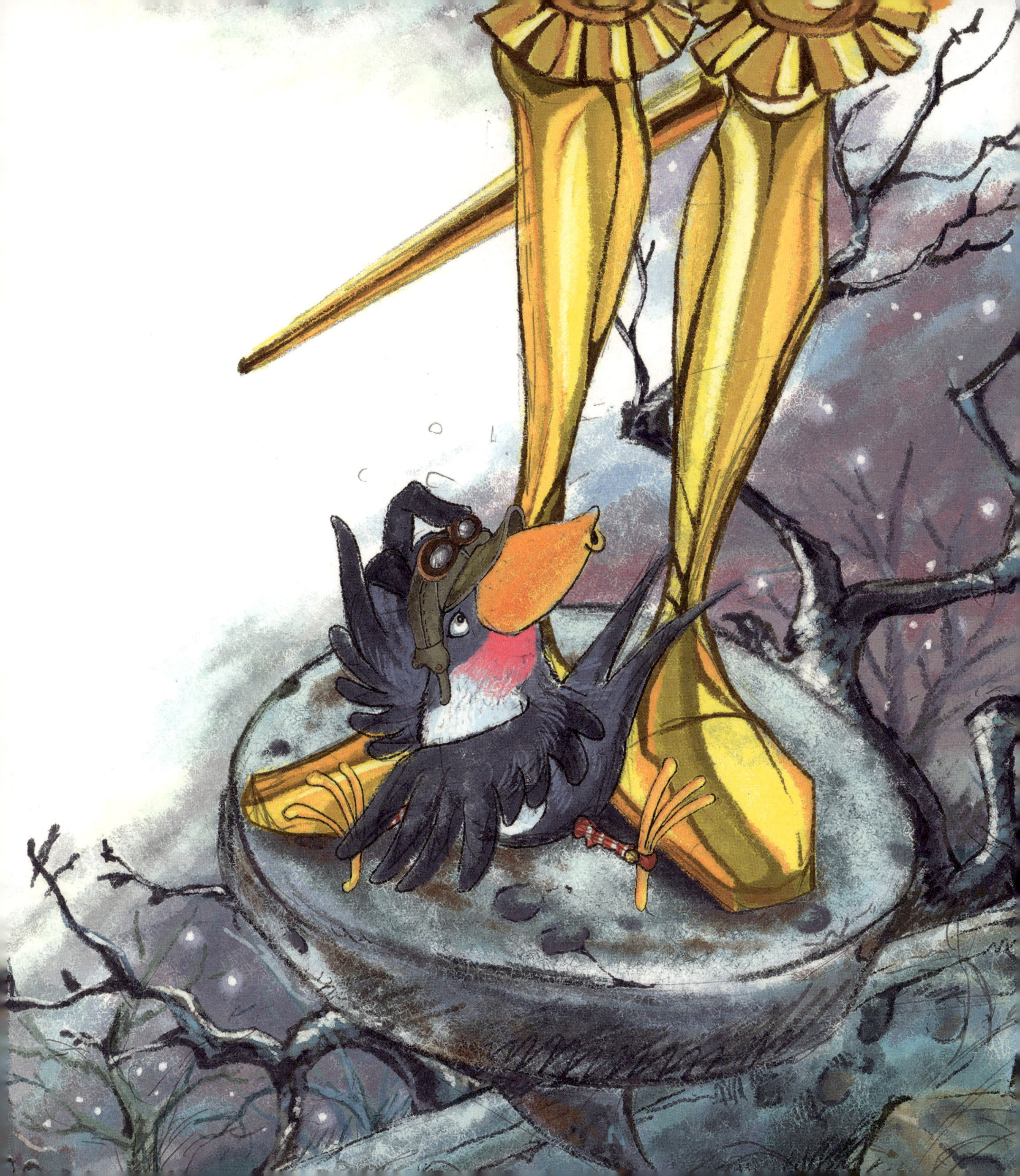

170

燕子犹豫了："我的伙伴正在远方等着我呢，那里有温暖的阳光！"

快乐王子哀求着："你就再晚走一天，做一次我的信使，好吗？"

燕子想了一会儿，点了点头。于是，燕子取下那颗红宝石，用嘴衔着，越过一座座屋顶，将红宝石放在那位妈妈身旁的桌子上。

燕子飞回到快乐王子的身边，高兴地说："虽然天气很冷，可我现在觉得好暖和！"

"因为你做了一件好事！"快乐王子笑着说。

可是，快乐王子很快又忧愁起来："在城市的那一头，还有一位年轻的男子，他正在为剧院创作一个剧本，但是他又冷又饿，写不下去了！"

燕子说："那我送他什么呢？"

王子叹了一口气,说:"我所剩的只有我的双眼,你帮我取出一颗送给他吧!他可以把宝石卖给珠宝商,那样就可以买回食物和木柴,写完他的剧本。"

"亲爱的王子,"燕子哭着说,"我不能这样做!"

"燕子,燕子,小燕子,"王子说,"就照我说的话去做吧!"

燕子不得不取下王子的一只眼睛,送到那个年轻男子的手中。

快乐王子又说:"在下面的广场上,站着一个卖火柴的小女孩,她的火柴都掉进水沟里了,如果她不带钱回家,她的父亲就会打她!请把我的另一只眼睛取下来,给她送去吧!"

177

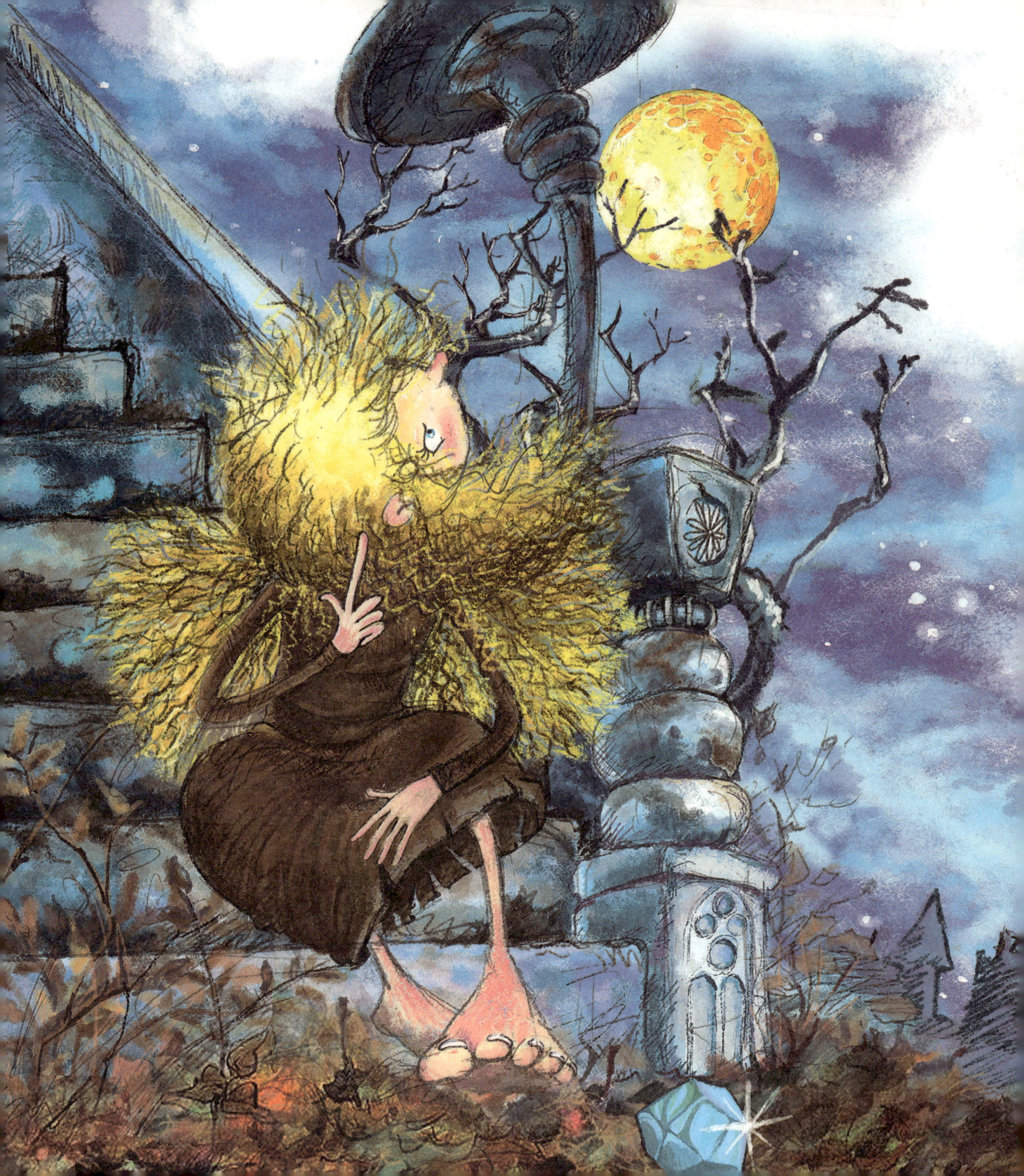

燕子伤心地说："我不能再取下你的另一只眼睛了，否则你就会变成瞎子！"

王子哀求地看着燕子，说："就照我说的去做吧！"

燕子只好取下王子的另一只眼睛，带着它朝下飞去，把宝石轻轻地放在卖火柴的小女孩的手上。

燕子回到王子身旁，说："快乐王子，你真是一个好人，我决定要永远陪在你的身边。"

"不，燕子，"快乐王子说，"天亮后，你就去找你的伙伴！在你临走前，再帮我完成最后一个心愿！"

燕子问道："是什么心愿？我一定做到！"

快乐王子淡淡地一笑，说："请把我身上贴满的黄金片，一片片地取下来，送给城市里的穷人吧！"燕子照做了。

此时，天空下起了鹅毛大雪，城市被白雪覆盖。

可怜的小燕子觉得越来越冷了，但是他却不愿离开王子。燕子知道自己快要死了，他用尽全力飞到了快乐王子的肩上。

"再见了，亲爱的王子！"燕子喃喃地说。

"我真高兴你就要飞去见你的伙伴了！"王子开心地说。

"我不是要去见我的伙伴，"燕子奄奄一息地说，"我就要死了，快乐王子，我不能再陪你了！"说完，燕子跌落在王子的脚下，死去了。

王子无比伤心，他失去了最好的朋友，此时，雕像体内传出一声奇特的爆裂声，王子那颗铅做的心裂成了两半。

第二天清晨，太阳冉冉升起，城市里的百姓都聚集在快乐王子的身边，他们惊

181

奇地发现,快乐王子已经变得光秃难看,而雕像的脚下躺着一只死去的燕子。

快乐王子与燕子得到上帝的恩赐,一起走进了天堂。他们在天堂的花园里放声歌唱,尽情地赞美着世界。

给4岁孩子的故事

小木偶奇遇记

小镇上有一位专门做玩具的老伯伯,叫薛贝特。他没有孩子,生活非常寂寞。

有一天,他用木头做了一个可爱的小木偶,他爱不释手,但又忍不住叹气说:"如果你是个真的小男孩,那该多好啊!"半夜,一位美丽的仙女突然出现了,她轻轻地对熟睡的老伯伯说:"您曾经做过许多美丽可爱的玩具,为孩子们带来了欢笑,因此,我要帮您实现愿望。"她用仙女棒轻轻一点,小木偶就站起来了。

老伯伯醒来后,发现小木偶真的活了,他高兴得一把抱起小木偶,还给他取了个名字叫"匹诺曹"。

第二天,老伯伯用自己的上衣给匹诺曹换了课本,让他去上学。

上学路上,匹诺曹遇到一个马戏团在表演,他真想去看看。他想:"迟一天去上学,应该没什么关系。"

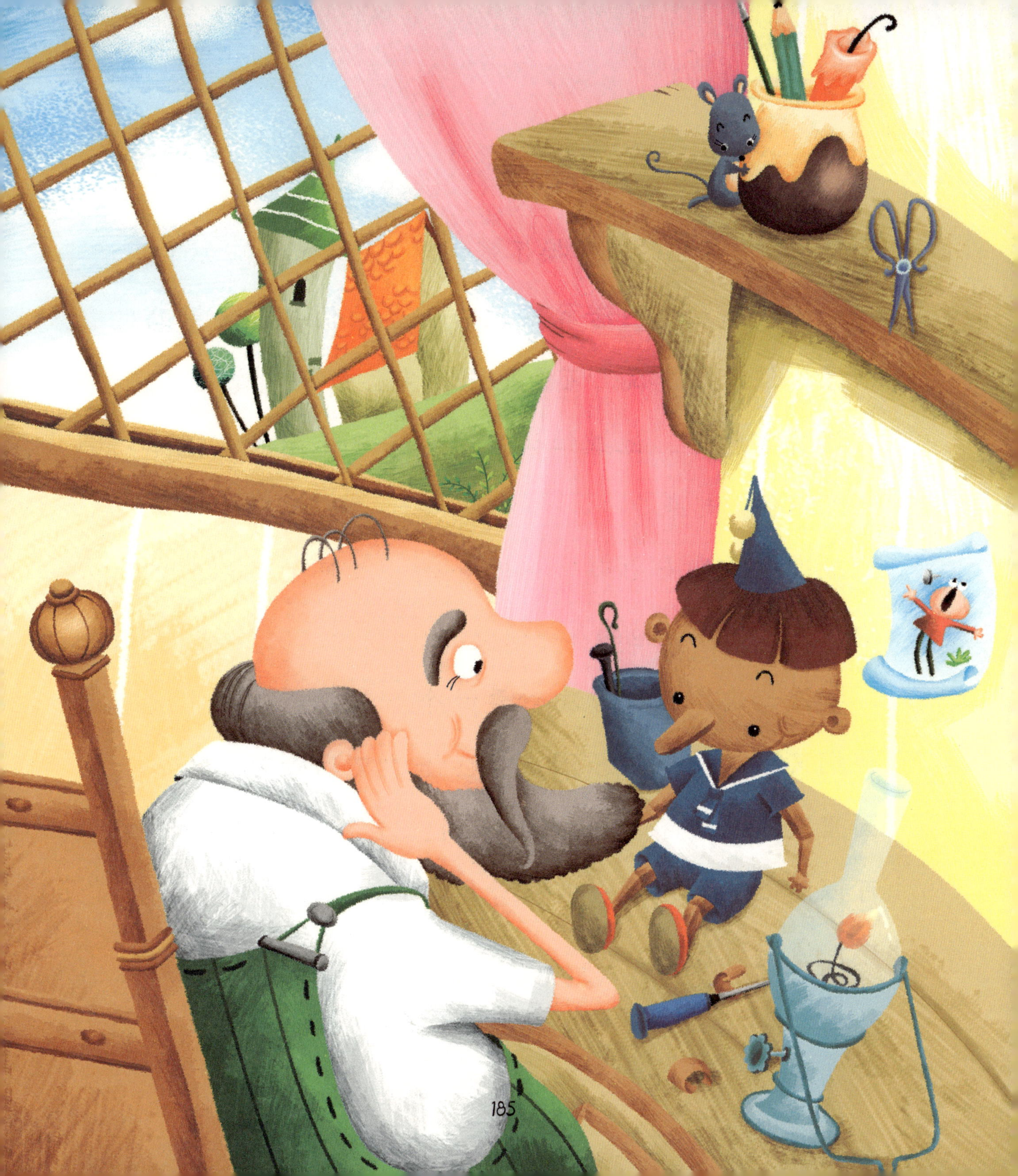

于是，他用自己的课本换了张门票，看马戏表演去了。

回到家后，匹诺曹不敢告诉老伯伯自己去看马戏了，便说了个谎，可是他刚说完，鼻子就变长了。匹诺曹害怕了，他继续说着，鼻子越变越长，他终于忍不住哭起来。

这时，仙女出现了，仙女让匹诺曹保证再也不说谎了，这才让他的鼻子恢复正常。

这一次，匹诺曹决心要做个好孩子。可是，同伴们又引诱他到欢乐国去，匹诺曹又动心了。欢乐国里全都是小孩子，每天不用上学，也不用工作，可以随心所欲地玩。匹诺曹把答应仙女的话全忘光了，他玩得太开心了。

突然，有一天，匹诺曹发现自己变成了一头驴子。原来，这个欢乐国是坏人专门为了引诱贪玩的小孩儿设计的，当小孩儿们

在欢乐国里变成驴子后,他们就能将驴子出售了。

当坏人们把所有的驴子赶上船时,匹诺曹猛地跳进了大海。在大海里,匹诺曹逐渐恢复了人形,现在他最想念的就是薛贝特老伯伯。

突然,匹诺曹被一头大蓝鲸吞进了肚子里,蓝鲸的肚子里漆黑一片。渐渐地,前方有了一点亮光,匹诺曹靠近一看,竟然看到了薛贝特老伯伯!两人抱在一起痛哭起来。

原来,薛贝特老伯伯为了寻找匹诺曹,驾船到了海上,结果被蓝鲸吞进了肚子。聪明的匹诺曹说:"蓝鲸常常打喷嚏,我们可以趁机逃到外面去。"就这样,他们顺利地逃出了蓝鲸的肚子。

189

薛贝特老伯伯和匹诺曹在冰冷的海水里奋力地游着,最后,他们筋疲力尽地昏倒在岸边。等他们醒来时,匹诺曹惊奇地发现,自己变成了一个真正的小男孩!原来,这是仙女对他的聪明和勇气给予的最大奖赏。匹诺曹抱着薛贝特老伯伯激动地大叫着:"爸爸!我爱你,爸爸!"

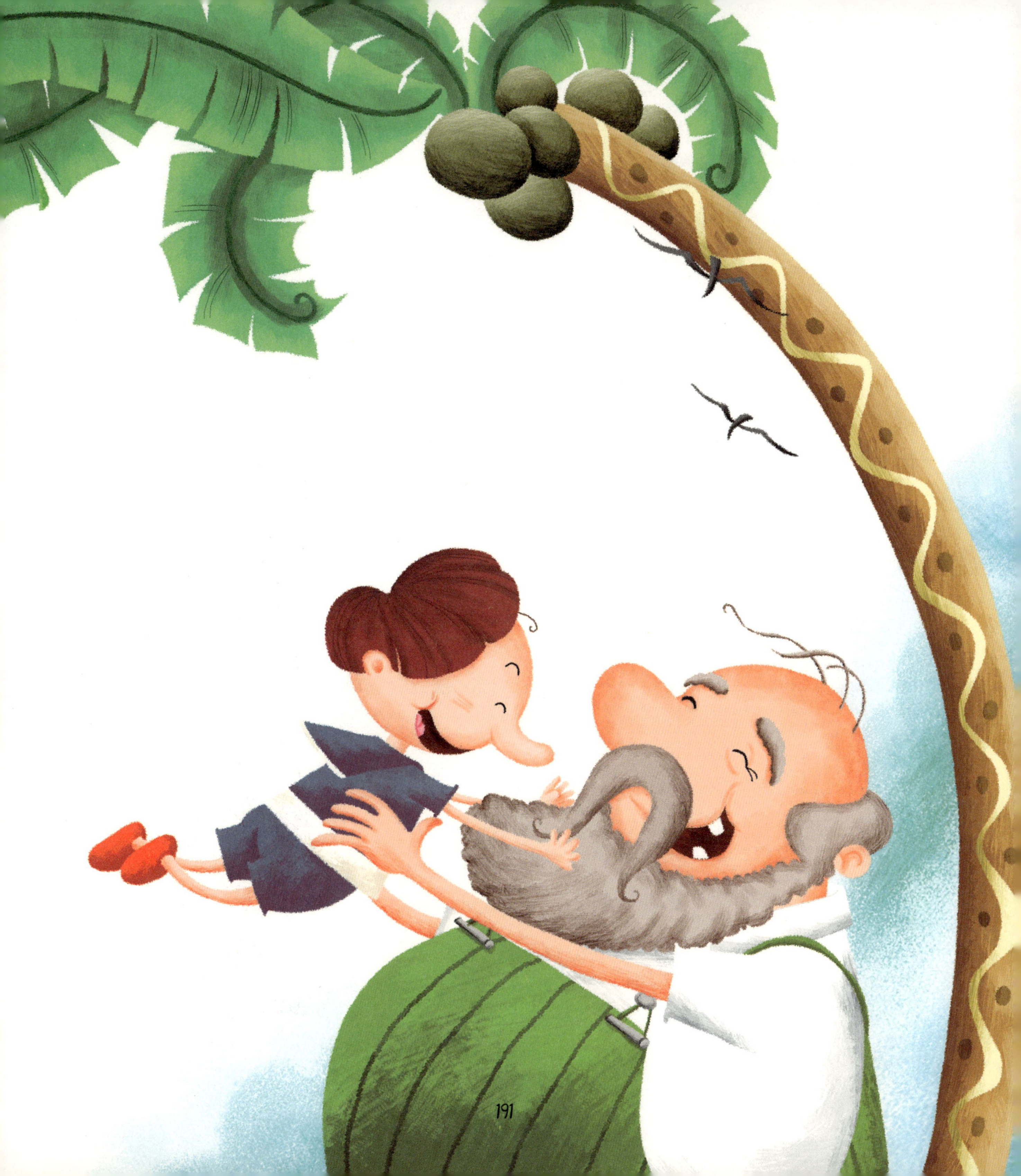

图书在版编目（CIP）数据

给4岁孩子的故事／（德）格林兄弟等原著；禹田文化编．－－北京：海豚出版社，2024.8（2024.12重印）．－－ ISBN 978-7-5110-7027-2

Ⅰ. G613.3

中国国家版本馆CIP数据核字第2024PP0577号

给4岁孩子的故事

〔德〕格林兄弟等／原著
禹田文化／编

出 版 人：王 磊

选题策划：禹田文化	特约印制：盛 杰
责任编辑：杨文建 白 云	绘　　画：天 天　何 强　唐晓丽　周春雷
项目编辑：周 雯 李 慧	封面设计：沈秋阳
美术编辑：沈秋阳	内文设计：王 锦　史明明
营销编辑：方丹丹	法律顾问：中咨律师事务所　殷斌律师
责任印制：于浩杰 蔡 丽	

出　　版：海豚出版社
地　　址：北京市西城区百万庄大街24号
邮　　编：100037
电　　话：010-88356856　　010-88356858（销售）
010-68996147（总编室）
印　　刷：宝蕾元仁浩（天津）印刷有限公司
经　　销：全国新华书店及各大网络书店
开　　本：20开（889mm×1194mm）
印　　张：10
字　　数：70千
版　　次：2024年8月第1版 2024年12月第2次印刷
标准书号：ISBN 978-7-5110-7027-2
定　　价：38.00元

退换声明：若有印刷质量问题，请及时和销售部门（010-88356856）联系退换。